JN410381

공병임 수필집

가을이 익는 풍경

가을이 익는 풍경

공병임 수필집

1판 1쇄 인쇄/ 2012년 12월 10일
1판 1쇄 발행/ 2012년 12월 15일

지은이 / 공 병 임
펴낸이 / 우 희 정
펴낸곳 / 도서출판 소소리

등록 / 제300-2007-21호
주소 110-521 서울 종로구 혜화로 35길(명륜동 1가 33-90)
경주이씨 중앙회빌딩 302-1호
전화 / 765-5663, 766-5663(Fax)
e-mail: sosori39@hanmail.net
www.sosori.net

값 10,000 원

*잘못된 책은 바꿔드립니다.

저자와의 협약에 의해 인지는 생략합니다.

ISBN 978-89-97294-25-1 03810

* 이 책은 충북 문예진흥기금 일부를 지원 받았습니다.

가을이 익는 풍경

공병임 수필집

책을 내면서

창으로 들어오는 햇살이 아직은 순한 11월입니다. 탈고 끝낸 원고를 앞에 두고 지난 시간들을 헤아려 보았습니다.

풋풋했던 신혼 시절 산촌일기를 시작으로 남몰래 심었던 씨앗 한 알 이제 움트려는지 가슴이 욱신거립니다.

내게 있어 산촌의 일상은 어느 것 하나 녹록하지 않았지만 나를 가꿔 준 보드라운 손길이었고 은총이었습니다. 미운 오리를 백조라고 우기는 어른들의 교만이 아니라 수탉을 보고 독수리라고 놀라던 어린 아들의 순진한 무지로 열심히 글을 쓰고 싶습니다.

묵묵히 힘이 되어 준 남편과 그동안 많은 사랑을 주셨던 분들께 감사의 마음을 전합니다.

2012년 11월 27일

비학골에서

1. 제 잘난 맛에

2. 기다림의 계절은

3. 혼자보다는 둘이서

4. 가을이 익어가면

5. 산촌일기

1.

제 잘난 맛에

폭풍 그 후

우리 집 마당은 지금 모내기를 하기 위해 써레질 한 논바닥 같다.

아니, 거머리까지 군데군데 헤엄치면서 아주 신명나 있다. 밤새 비바람이 퍼부어댄 아침의 풍경은 아수라장이 따로 없을 만큼 기가 막혔다.

증평은 태풍 매미 때도 고요하게 지나갈 만큼 천재지변에 안전한 줄 알았더니 이번에는 다르다. 주일 저녁 예배 때도 간간이 뿌리던 빗줄기가 내가 피곤에 죽은 것처럼 잠자던 밤엔 굉장 했나보다. 온통 물과 뻘밭이다. 산허리가 잘려져 나가고 강둑이 터진 건 말할 것도 없고 비학골의 마지막 보루인 우리 배나무밭과 창고가 버팀목을 단단히 했다.

어머님의 감자밭이 자갈로 뒤덮였다. 고쟁이만 입으신 어머님은 자갈밭에서 감자를 골라내고 계셨다.

시간이 가도 빗줄기는 잦아들지 않아 우린 밑에서부터 녹아 앉는 소금가마와 씨름해야 했다. 물 젖은 소금이라니…. 하필이면 올해엔 예년에 비해 더 많은 소금을 준비해 놓은 것이 화근이었다. 난 소금자루를 들어 올리지도 못하고 땀범벅 된 아들과 남편의 눈치만 살피고 있었다. 지난봄 많이 사면 싸게 주겠다는 염전 사장님의 말만 듣지 않았어도 이렇게 식구들 고생시키는 일은 없었을 터였다.

무얼 먼저 해야 하는지 모를 만큼 무력감이 몰려왔다. 발걸음을 뗄 때마다 개흙이 진득거리며 붙었다. 울고 싶었다. 하루해가 다 가도록 삽질을 했는데도 창고엔 여전히 흙더미만 분분했다. 모든 것을 잃은 것도 아닌데 그까짓 창고에 물 찬 거 가지고 이렇게 호들갑을 떨어야 하나 슬그머니 오기가 생긴다.

자연의 섭리 앞에서 인간은 얼마나 보잘것없는 존재인지. 그럼에도 불구하고 언제나 제 잘난 멋에 살지 않았던가. 논이 죄다 자갈로 덮인 새골에는 발 빠르게 포클레인이 와서 흙을 퍼내고 있고 어린 모를 어디서 구했는지 뒤따라가며 모내기하는 사람도 있다. 허망하여 주저앉지 않고 저렇게 열심히 복구에 임하는 모습이 존경스럽다.

서서히 잦아드는 흙탕물로 보아 이제는 안심해도 될 듯싶다.

마당에서 떠내려간 플라스틱 판넬을 둘이서 간신히 들어 올리니 물살의 세기가 짐작이 되었다.

무슨 일에든 감사하다는 사람이 있었다. 차 사고가 나도 그나마 많이 다치지 않은 것 감사하고, 강도를 당해도 내가 강도 아닌 것이 감사하고, 이렇게 폭풍에 그동안 땀 흘린 것 다 잃어도 매일 태풍이 오는 것이 아니라 어쩌다 오는 것이 감사하고.

'생각을 바꾸면 세상이 달라 보인다'는 말이 참 멋지게 들리는 저녁이다.

불장난

낮과 밤의 길이가 같다는 춘분입니다.

부지런한 우진이 할아버지는 논에 거름을 다 펴놓고 어느새 텃밭에 감자 고랑을 만들고 계시는군요. 모처럼 일감에서 놓인 날 나도 봄맞이 청소를 할 양으로 배나무 밑에 망초 죽은 거랑 고춧대 뽑고서 봄 불을 놓았습니다. 내친김에 장독대 앞에 심었던 서광꽃밭에까지 불을 놓으니 그 연기에서 꽃냄새가 피어 올랐습니다.

밭두렁 태우다 산불이 자주 나는 요즘이기도 하지만 실은 나도 며칠 전에 사고를 낸 적이 있어 남편이 절대 불 놓지 말라는 당부를 했음에도 불구하고 또 불을 지피고 있는 것입니다. 상습적으로 불장난하는 사람의 심리를 닮은 것도 같고 이상하게 불을 피우고 있으면 맘이 따뜻해지곤 하는 걸요.

아이들이 어렸을 때도 해거름이면 종이랑 쓰레기를 모아 마당 한 쪽에서 물을 데웠습니다. 한 양동이의 물을 따끈하게 데우는 데는 그리 오랜 시간이 걸리지 않습니다. 화덕에서 피어나는 불꽃과 사그라지는 사물의 모습을 보는 것과 그리고 알맞게 더운물에 개구쟁이 녀석들을 목욕시키는 것이 참 즐거웠습니다. 굳이 불을 때서 물을 데우지 않아도 되는데 일부러 그 시간을 즐긴 거 같습니다.

며칠 전에 사고도 사실은 별일 아니었는데 나중에 생각해보니 얼마나 가슴 뜨끔하던지요.

쓰레기 태우는 통이 그날따라 재로 가득했어요. 재를 쏟아버리기엔 내 힘이 벅차서 그냥 배나무밭 가장자리에서 자질구레한 종이들을 태웠었죠. 불꽃이 다 잦은 것을 보고 방에 들어갔는데 얼마쯤 지나 밖에 나오니 고무 탄 냄새가 나는 거예요. 나는 속으로 어떤 사람이 저렇게 고약한 것을 태우나 했지요. 그런데 이게 웬일입니까 창고 뒤로 가보니 아까 내가 놓은 불자리에서부터 풀들이 타 들어가 우리 모터 집을 다 태우고 꺼진 것을요. 샘을 팔 때 깊이가 깊어 제트모터를 달고 조립식으로 집을 짓고 안으로 밖으로 보온덮개를 씌웠는데 다 태우고 흔적만 남았습니다. 내가 방에 있는 두 시간에 그 불길이 산으로 갔으면 어쩔 뻔 했냐구요. 순식간에 다 녹은 모터를 갈려니 백 만원의 손해가 난 것입니다. 우리 남편 붉으락푸르락 난리가 났고 절대 불장난하지 말라는 경고를 발령했습니다. 내가 언제 불장난을 했냐구요. 그냥 불을 놓은 것이지. 억울하지만 난 불장난 잘하는 여자로 그냥 낙인이 찍힌 것입니다. 기왕 별명이 붙어버린 터에 정말 찐한 불장난 한 번 해볼까요? 아무래도 봄을 타는가 봅니다.

2월

이른 아침 뜨락에 서면 앞산이 먼저 단아하게 눈에 들어온다. 칼바람 부는 날은 윙윙거리며 맞서다가도, 밤새 함박눈이 온 날은 새색시처럼 수줍게 새하얀 세상을 맞고 있다.

마을 회관 앞의 늙은 느티나무는 정월 대보름 천신제 때 쳐놓은 금줄을 아직도 허리춤에 감고 있다. 천년의 세월을 온몸으로 견딘 가슴 시린 느티나무는 가랑잎 스치는 바람이 예사롭지 않음을 짐작했을까! 해거름 긴 산그늘에 들 때까지 마을은 덩달아 침묵한다.

나는 이런 고요가 좋다. 질긴 생명의 씨앗을 보듬고 언 땅 밑에서 무던한 기다림으로 겨울의 끝자락과 마주한 모습. 그런 날 난 먼지 쌓인 항아리를 꺼내 놓는다. 장 담는 날을 위한 나의 첫 번째 봄맞이 준비랄까. 노루꼬리만한 햇살에 메주도 정

갈하게 씻어 채반에 널어놓았다.

올해는 메주를 친정 고모님이 띄워 주셨다. 조카까지 생각하신 그분의 모습이 메주를 손질하며 자꾸 마음에 걸렸다. 이다음에 나는 무엇으로 이런 사랑의 빚을 다 갚을 수 있을까? 메주를 만들기까지는 얼마나 많은 손길과 기다림이 있어야 한다는 걸 나는 안다. 가을걷이 끝내고 튼실한 콩을 골라 바깥마당에서 불을 지펴 진종일 콩을 삶으셨을, 등 굽은 내외. 그분들의 정성이 장맛에 어울리리라.

볕 잘 드는 장독대를 서성이다 보니 옆집의 토종닭 한 무리가 우리 도라지밭에서 모이 줍기에 열중이다. 그중엔 제법 위엄 있어 보이는 수탉도 있는데 새까만 꼬리털이 마치 포물선을 그린 것 마냥 탐스럽고 햇살에 광채까지 내는 것 같았다. 작은아이가 어렸을 때 수탉을 처음 보고 놀라 독수리가 왔다고 호들갑을 떨었던 적이 있다. 얼마 있으면 노란 병아리를 데리고 봄나들이 오겠지. 하늘하늘한 솜털 병아리는 보기만 해도 앙증맞아 뜬금없이 올봄엔 병아리를 기르고 싶어진다.

세찬 눈보라를 견딘 나목의 가지도 한 줄기 순한 햇살이 보듬고 있다. 어느새 배나무 가지치기도 서둘러야 될까보다. 더 좋은 열매를 얻기 위한 제 살 자르기. 그런 아픔 뒤에 수많은 꽃송이를 피워내는 산고가 있다. 배꽃의 고고함을 어디에 견줄

수 있을까. 무르익은 봄밤의 정취는 순백의 꽃으로 하여 더욱 눈부실 테고….

건넛말 장지에 갔던 남편이 앞머리와 눈썹까지 부스스 그을린 채로 왔다. 꼭 폭탄 맞은 머리 같다는 생각이 들어 자꾸 웃음이 나왔다. 아직도 들녘엔 바람이 꽁꽁 언다고 했다.

어느새 해거름인지 지난해 중학교에 입학한 큰아이가 온다. 장난꾸러기 녀석이 헐렁한 중학교 교복을 입고서 인사를 할 때면 무척 귀여웠는데, 이젠 교복 입은 모습이 썩 잘 어울린다.

2월이 가면 마을 초등학교 앞 길에도 손 번쩍 들고 길을 건너는 새내기들이 눈에 띌 것이다.

모든 것이 새롭게 다가설 봄을 위한 서곡.

짧은 2월의 해는 늠보산 중턱에서 한숨을 고르고 있다.

겨울 어느 날

난무하는 눈송이는 하늘을 가득 채우고 세상은 온통 잿빛이다.

아이들은 어느새 눈덩이를 만들었는지 제법 큰 눈덩이를 등나무 옆까지 굴려왔다.

밖에 나설 때마다 우리 집 녀석들 바짓가랑이는 엉망이고 강아지 똘똘이는 신이 나서 덩달아 뛰어 다닌다.

어머님이 점심으로 만두랑 칼국수를 해주셨다. 늦은 아침을 먹은 후라 귀찮을 법도 하신데 참 부지런하시다. 김치와 두부만 넣어 만두를 빚었지만 따끈한 게 맛있었다.

쉴 새 없이 내리는 눈이 그새 발이 묻힐 만큼 쌓여서 가게에 가지고 갈 점심을 다시 넣어두고 아랫목에 누웠다.

추운 것도 모르고 눈밭을 뛰어노는 녀석들을 방으로 불러 들였더니 동화책을 한 권씩 꺼내 내 양쪽에 한 놈씩 눕는다. 창희가 『이솝이야기』를, 승희는 『파브르 곤충기』를 읽고 있다.

창희의 『이솝이야기』가 시작되었다.

염소와 여우 이야기인데 여우가 우물 속에서 앉아 있어서 염소가 물었다.

"여우님, 왜 우물 속에 들어갔어요?"

"이 우물물이 어찌나 맛이 좋은지 먹으려고 들어왔단다."

그때 목이 탄 염소는 여우의 만족한 표정에 첨벙 우물 속으로 들어갔다.

정말 물이 맛이 있어 갈증을 단번에 해결했다. 그런데 나가는 일이 문제였다.

여우가 말했다

"염소야, 무등을 태워주면 내가 먼저 나가서 꺼내 줄게."

그러나 밖으로 나간 여우는 염소를 꺼내줄 생각도 없이 어디론가 가려고 했다. 다급해진 염소가 날 꺼내준다더니 약속이 틀리지 않냐고 항의한다. 그때 여우의 말이 "어리석은 염소야 들어올 때 나갈 길을 보지도 않고 우물 속에 들어왔냐. 거기서 한 번 나와봐라."면서 총총히 사라졌다.

아이들과 함께 동화책을 읽으며 보내는 시간이 참 좋다. 연년생 두 녀석들이 빨리 자라고 나면 나도 하고 싶은 일들을 해보리라 수없이 꿈을 꾸긴 하지만.

양 볼이 불그레하도록 뛰고 들어와 좋아하는 이야기책에 빠진 아이들, 시간을 다투며 학원에 가지 않아도, 건강을 위해 태권도를 배우지 않아도 이렇게 커주는 것이 고맙고 감사하다. 무한 경쟁사회에 나가기 위해 전사로 키워지는 도시의 아이들에 비해 조금도 주눅 들거나 비굴하지 않을 것임을 나는 확신한다.

남편의 점심을 가지고 시내로 나가려니 차도는 차가 지날 때마다 눈 녹은 물을 튕겨댔고, 늦은 1시 15분 율리행 버스가 벌벌 기면서 내려왔다.

버스정거장에서 규미 엄마의 거친 손을 봤다. 여름엔 일에 절어 거칠고 겨울엔 피가 안 통해 땀 한 번 안 난다고 했다. 손톱이 닳아서 우렁이 뚜껑처럼 못 생기고 등을 긁기에 안성맞춤인 거친 손. 손을 도끼 삼아 일하는 농부의 훈장이리니. 그 투박한 손이 얼마나 많은 일들을 해낸 귀한 손인가.

매장에 들어서니 칡차가 향기를 내며 난로 위에서 끓는다. 보고 싶은 이들과 차를 우리며 좋은 시간을 가져보고 싶은 그런 날이다.

경사리 가는 길

'갈보리'라는 성가 연습 중이었다.

당신을 기다리고 있는 죽음을 향해 갈보리 언덕을 오르시는 예수님의 비장한 심정에 관한 가사인데 작은 문제가 생겼다. 연습을 아무리 반복해도 가사의 느낌이 제대로 전달되지 않는 것이다. 화음과 음정 등은 이미 다듬어졌지만, 죽음의 길을 홀로 가야만 하는 고뇌에 찬 예수님의 절절한 심정이 도무지 느껴지지 않는 것이었다.

무엇보다 성가대원들의 표정엔 어떤 떨림도 감동도 없었다. 그냥 늘 훈련해온 성가대 모습 그대로 밋밋하고 덤덤했다. 성가대원 스스로의 감성을 끌어올리고 그 뭉클한 느낌을 그대로 전달할 무언가가 필요했다.

그날 나는 잠시 연습을 멈추고, 가사가 주는 느낌과 곡의 이

경사리는 양쪽에 고막껍질처럼 올망
졸망한 초가집들이 이마를 맞대고 앉은
깊은 산골마을이었다 ―경사리 가는 길

경사리 가는 길

미지를 어떻게 떠올려 보았는지에 대해 이야기를 시작했다. 우리가 왜 이 곡을 선택했는지, 그리고 나의 골고다 이야기는 어떤 것이었는지에 대해….

중학교에 입학하고 나서 처음으로 사귄 친구가 있었다. 그는 경사리에 산다고 했다. 행정구역상 내가 살던 동네와 면이 달랐기 때문에 경사리라는 마을도 처음 듣는 이름이었다. 그 친구와 나는 1학년 내내 붙어 다녔고, 겨울방학을 맞아 친구네 집에 놀러가게 되었다.

경사리는 양지쪽에 꼬막껍질처럼 올망졸망한 초가집들이 이마를 맞대고 앉은 깊은 산골마을이었다. 그런데 동네 집들의 처마 밑엔 처음 보는 이상한 씨앗들이 산더미처럼 쌓여있었다.

이 씨앗들에 대한 의문은 금방 풀렸다. 반갑게 나를 맞이하는 친구의 손가락과 입술이 시커멓게 물들어 있었던 까닭이다.

친구는 방학 내내 산수유 씨앗을 까서 그렇다며 수줍게 웃었다. 산수유를 수확하고 나면 겨우내 솥에 삶아서 입과 손으로 씨를 분리한 껍질을 말려 한약방에 내다판다고 했다. 맙소사, 도대체 저 빨갛게 익은 작은 산수유 열매를 얼마만큼 씨앗을 빼야 저렇게 마당마다 씨앗동산을 이루게 되는 것인지 무척 놀라웠다.

겨울이 가고 이듬해 봄, 다시 한 번 경사리를 찾았다.

그때는 산수유 꽃이 만발하는 시기였다. 마을 입구부터 골목골목마다 온통 산수유 꽃이 찬란한 황금빛 꽃잔치를 벌이고 있었다. 그때 나는 그 황홀한 경사리 풍경에 흠뻑 빠져 버렸고, 마을 언덕으로 뻗어나간 목장길을 친구와 걸으며 마음속으로 장차 저런 목가적 풍경 넘치는 곳에 사는 사람과 결혼해 살아야겠다는 꿈을 그리게 되었다.

성경 '히브리서'에 '믿음은 바라는 것들의 실상'이란 말씀이 나온다. 그로부터 20여년이 흐른 뒤 나는 목장집 아낙이 되었고, 두메산골 경사리는 이제 봄마다 산수유 꽃축제를 여는 전국적인 명소로 등장했다. 결혼한 후에도 나는 오랫동안 친정을 떠올릴 때나 그 친구가 보고플 때면 경사리를 추억하곤 했다.

경사리는 그렇게 소녀 시절의 수줍은 꿈이 담긴 마음속의 아름다운 고향이었지만, 언제부턴가 나에게 눈물의 지명으로 새롭게 다가왔다. 경사리 마을 맞은편 언덕에 몇 해 전 망자들의 영원한 휴식처인 '추모의 집'이 지어졌고, 봄이면 찬란하게 빛나던 그 황금빛 마을이 바라보이는 아늑한 그곳에 미처 꽃을 피우지 못하고 떠난 내 동생을 두고 왔기 때문이었다.

"오~ 갈보리, 오~ 갈보리, 주 예수 나를 위하여…."

성가 '갈보리'의 이 대목을 부를 때마다 나는 목이 멘다.

사랑하는 동생을 경사리 '추모의 집'에 홀로 두고 돌아오던 그날, 차마 발길이 떨어지지 않아 울부짖던 모습과 우리 모두의 십자가를 대신 지고 골고다 언덕으로 향하는 예수님의 고뇌에 찬 발걸음이 흐릿하게 겹쳐지곤 했기 때문이다….

대원들의 무덤덤한 감성을 건드리기 위해 시작한 이야기였다.

그러나 나의 절절한 감성이 제대로 전달되었던 것일까. 이어진 연습에서 성가가 클라이맥스에 오르자, 놀랍게도 우리 모두의 목소리는 촉촉이 젖어들고 있었다. 노래의 시구가 추억과 버무려져 울컥 가슴을 적셨던 그런 날이었다.

공룡알을 그 누가

아침저녁으로 쌀쌀해진 기온에 어느새 앞산의 단풍도 곱게 옷을 갈아입고 있었다.

계절은 어김없이 짙어진 늦가을로 접어들었고, 그 넓은 들녘의 황금물결이 자고새면 자취를 감출 무렵이었다. 초라해진 논바닥에 생을 다한 누런 볏짚들이 햇살에 몸을 맡기더니 어느 날부터인가 공룡의 알로 부화해 여기저기서 나타났다.

가을 나들이 길에 운곡 사시는 연 여사님 말씀이 귀에 쏙 박혔다.

"나는 첨에 비행기가 논배미에 저 요상한 것을 내려놓은 줄 알았어. 저것이 얼매나 크남. 감히 사람의 힘으로 들진 못 하잖여."

정말 그랬다. 감히 사람이 들지도 못할 저 거대한 덩어리들이 공룡알처럼 논바닥 여기저기서 뒹굴고 있었다.

차창으로 지나는 넓은 미호천 뜰에 정물처럼 자리한 저 반짝이는 공룡알들이 20여 년 전에만 있었어도 나는 지금처럼 장을 담지 않아도 될 터였다.

산골 목장에 시집온 후로 제일 바쁜 시기는 가을걷이 끝낸 그때였을 게다. 남들이 갈무리 다한 논 자락에 앉아 기나긴 겨울 먹이용 조사료를 모아 들이는 일이 얼마나 힘에 겹던지.

순전히 사람의 손으로 볏짚을 묶어서 경운기에 실어 들여야 했다. 나락을 내어준 푸시시한 볏짚을 묶어내면 고운 손이 까칠해질 대로 까칠해졌고, 온몸은 부서진 볏단이 파고들었다. 모든 일에 야무지지 못한 내가 묶어세운 볏단은 힘없이 풀어지거나 주저앉으니 야속하기만 했다.

쉬운 일은 없었다. 지금처럼 기계가 순식간에 논바닥의 볏짚을 묶어 내었으면 훨씬 힘겨운 노동에서 수월했을 거란 생각을 해 보았다.

지금도 그림처럼 아름다운 초지가 보이거나, 우유팩 하나 손에 들고는 풋내기 시절 목장새댁으로 불리던 때를 그려 보곤 한다.

누가 공룡의 알들을 이 논바닥에 옮겨 놓았을까?

그대의 뒷모습

외딴 두메마을 공소 홀로 계신 성모상 앞에 누가 가져다 놓았을까
소주병에 꽂혀있는 산나리꽃 한 송이
나를 헹구어 주는 것은 이 푸르름이다.

이것은 동화작가 정채봉님의 글에 나오는 말이다.

질금거리던 장맛비가 그치고 나니 다시 찌는 듯이 더위가 밀려온다.

오늘은 청국장을 시작하는 날인데 가마솥에 불을 지필 생각에 벌써부터 이마에 땀이 흐른다.

계절을 미리 사는 생활이 어느새 10여 년이 되어온다.

그동안 구둣가게를 하면서 여름엔 가을 것들. 가을엔 겨울

상품을 주문하는 생활로 인해 싱겁게 계절을 맞았는데 이젠 그럴 필요가 없나 했다. 점포정리를 하면 난 자유인이라고 내심 쾌재를 불렀건만. 청국장 역시 늦가을을 여름 마당에 불러들인 셈인 것이니….

토실한 흰콩을 한 광주리 물에 불려 놓고 화장품을 챙겨 상점으로 나왔다. 조용히 음악 들으며 화장 한 번 못 해보고 매일 이렇게 쫓기듯 매장에 나와 대충 립스틱만 바르고 하는 것이 내 화장의 전부다.

그런데 오늘은 알량한 립스틱 바를 아시도 없이 손님이 들어오기 시작하는데 꼭 10여 년 전 개업하는 날만큼이나 북새통이었다.

남편도 집에 올라가지 못하고 둘이서 정신없이 일하다 보니 열두시가 넘었다. "오늘처럼 매일 이렇게 바쁘면 우리 재벌 되는 것인데…." 싱거운 내 투정에 대답도 없이 그인 불을 지피러 집으로 갔다.

15~6평 남짓한 이 매장에서 울고 웃고 하던 일이 엊그제 같은데 어느새 10년이다. 처음엔 가슴이 답답해서 시간만 나면 서로 가게에 있지 않으려고 꽁무니를 빼곤 했었다.

그러다 어느새 이 매장 안이 더 익숙해진 생활. 혼자 아침엔 책도 읽고, 일기도 쓰며 수많은 시간들을 보내서 책상 모서리가 다 닮아있었다.

이제 두 달 후면 내 자리가 다시 식탁으로 옮겨지는 것이다. 그러면 다시 여유로운 시간들을 가질 수 있을지 의문이지만 적어도 지금보단 더 바쁠 듯해서 갑자기 서운함이 밀려온다.

밭에서 일만 하시는 어머님도 도와야하고 배달도 해야 하고 사람도 만나야 하고 내 할 일들은 정말 끝이 안 보인다.

『그대 뒷모습』이란 책을 다시 들여다보며 내 지난 시간들을 되돌아보았다.

다른 이들에게 나는 어떻게 보여졌을까?

'나를 헹구어 주는 푸름이'란 말이 두고두고 화두처럼 내 생각을 맴돌았다.

이젠 점포정리를 하듯 내 시간들을 정리해야 한다. 그리고 더 알차고 아름답게 생활을 만들어가야 하리. 내일 새벽 기도 시간에 난 다시 엎드려 내 좁은 기도를 시작할 참이다.

뒷모습이 아름다운 사람이 되게 해달라고.

김 장

가을은 갑자기 찾아온 겨울에 밀려 어디론가 자취를 감췄다. 단풍 곱게 물든 '갑사 가는 길'을 올해엔 꼭 걷고 싶었는데. 이제 어머님의 김장 걱정을 덜기 위해서라도 오늘은 김장 준비를 해야 한다. 해마다 하는 일이지만 김장을 끝낸 주부는 매서운 겨울을 맞아도 걱정 없잖은가.

큰댁 밭에서 뽑아온 속 덜 찬 배추 50포기. 배만큼이나 달콤한 무 30개. 동치미랑 총각김치는 먼저 추위에 했으니 내일은 배추김치만 하면 되는 것이다.

장독대 뒤 탱글탱글 열려있는 대봉감을 오늘은 작은놈 앞세워 모두 땄다. 모과도 한 아름 꿀에 재워 모과 항아리도 남편이 뒤꼍에 묻었다.

김치광이 세워지기도 전에 슬그머니 김치 냉장고 이야길 했다가 보기 좋게 설교만 들어야 했다. 돈도 없지만 자연의 보관 창고가 있는데 어디에 해당하는 김치 냉장고냐고.

맞는 말이다. 하지만 광에 드나들 때마다 볏짚이 머리나 옷에 묻지 않도록 잘 지어야 한다고 몇 번씩 부탁을 했다. 남편의 신통찮은 솜씨가 맘에 들지 않을 때가 많아서다.

장수 아저씨 생각이 또 났다. 그분의 솜씨는 어느 곳 하나 손댈 일 없이 맘에 쏙 들게 일을 하신다. 그렇게 아까운 솜씨를 가지셨는데 더 좀 사셔야 했는데.

낼 배추 속에 넣을 소를 준비하는데 사실은 남편이 거의 다 한 거나 마찬가지다. 채 썰기부터 마늘 생강까지. 그런 일은 곧잘 거들어 준다.

아침에 분주히 전화를 돌렸다. 울보님도 부르고, 수올도 부르고 그리고 청주로 이사간 신애 집사님한테까지 나 김장한다고 광고를 했다. 내가 아침밥 지을 때 사실은 남편이 이미 배추를 다 씻어서 채반에 가지런히 놓은 후였다. 그러나 이런 때 아니면 언제 우리가 모여서 밥 한끼 다정하게 먹을 수 있을까 싶어 그냥 무조건 오라고 한 것이다.

텃밭에서 뽑은 튼실한 골파와 갓김치를 버무리면서 나림씨 따라온 미정씨는 연신 맛있다며 풋내 나는 갓김치를 맛보고 있었다. 올 겨울 보은서 가져온 밤고구마랑 썩 잘 어울릴 김치니까 아무 때나 오라는 말도 덧붙였다.

어머님은 식성이 매우 까다로우신 분이다. 그래서 어머님 드실 김치는 마늘 생강만 넣고 소금으로 간한 후 벌써 땅속에 묻어 두었다. 보기엔 맛이 별로일 것 같은데 늦은 봄에 절인 김치 같은 그 맛도 맛깔스럽다. 내 생각으론 며칠 더 있다 하려고 굴이나 생새우를 준비 못했는데 그럭저럭 있는 재료로 항아리 네 개에 가득 김장을 했다.

청국장과 배추겉절이로 금방 밥을 지어서 먹는 맛이 꿀맛 같았다. 이러다 체중이 불어날까 걱정이 되면서도 누룽지 끓인 것까지 우린 포만감이 들 때까지 먹었다.

이렇게 김장을 하는 것도 열 번만 더 하면 우린 할머니가 돼 있을 거란 말에 모두들 웃었지만 사실이 그랬다. 김치냉장고 들여놓고 김치공장에서 언제든 구할 수 있는 시대 아닌가. 우리도 서울로 판촉을 갔을 때 시장에서 산 햇반과 김치로 점심을 먹은 적이 있는데 먹을 만했다. 그러나 그건 어쩔 수 없는 환경에서 한두 번 먹을 일이지 내 가족과 자신의 건강을 위한다면 정성이 깃든 식탁을 준비하는 게 당연하다는 생각이다.

밖에서 언 몸을 녹이기는 모과차가 제격이다. 따끈한 물에 모과 한 스픈 우려 깊고 그윽한 향을 마시면서 홀가분한 맘으로 이젠 맛나게 익어줄 김치를 기다려 보아야겠다.

겨울에 손님이 오시면 고구마 찌고 김칫독에서 금방 꺼내온 동치미랑 갓김치로 아주 소박한 산골의 새참을 드려야 하리.

꿈꾸는 상점

우리 집 거실 벽면엔 짚신 한 켤레가 걸려 있다. 그 짚신은 오랜 날들을 아무런 꾸밈도 없이 그저 그 모습으로 훌륭한 장식이 돼 준다.

그것은 오래전 남편의 외할아버님께서 만들어 주신 것이다. 햇볕이 따사한 어느 봄날 할아버님은 동태 몇 마리를 손수 사가지고 오셨다. 할아버님은 연세가 90세를 넘기셨는데도 홍안의 얼굴이셨고, 평안도 특유의 사투리가 섞인 목소리로 성격이 호탕하셨던 분이다.

할아버님의 예전의 솜씨를 어머님께 들은 남편이 욕심을 내어 무언가 한 가지 만들어 주시길 부탁 드렸었다. 할아버님은 흔쾌히 손쉬운 짚신을 삼아주신다며 '나 없더라도 날 본 듯 하거라' 하시는 말씀과 함께 삼아주신 것이다. 나는 그냥 짚신이라는 옛 물건으로 별 뜻 없이 벽에 걸어두었는데, 그해 가을 문경새재를 갔을 때다 .

새로 지은 박물관 한 쪽 벽에 온통 크고 작은 짚신들이 걸린 채 여행객의 눈길을 끌고 있었다. 먼 여정에 발길이 지쳤을 선인들의 숨결이 닳아버린 짚신 속에 남아 있는 것 같았다.

그 시절 짚신을 신을 수밖에 없는 구차한 살림이었겠지만, 짚신이야말로 요즘처럼 가죽 신발에 갇혀 혹사당하는 발에 비해 가장 자연과 가까운 신이 아닐까 하는 생각도 들었다.

그 후로 가끔 짚신에 눈길이 마주칠 때면 생전의 할아버님의 모습이 떠오르곤 한다. 모든 일에는 우연찮은 인연이 있는 듯 짚신을 삼아주신 몇 년 후 생각지도 않은 신발 가게를 시작하게 되었다.

그 후부터 생긴 우연한 버릇이 하나 있는데, 사람을 만나면 얼굴을 보기 전에 신발에 먼저 시선을 주고 내 맘대로 그 사람의 취향까지를 상상해 보는 이상한 버릇이다.

처음 이 상점을 시작할 무렵 무던히도 잠 못 드는 밤이 많았다. 세상물정도 잘 모르고 소만 키웠던 나 같은 촌사람이 장사를 할 수 있을지. 그러나 그것은 열 평 남짓한 공간에 갇혀 답답함을 못 견뎌 하는 것에 비하면 아무것 아님을 오래지 않아 알게 되었다.

뙤약볕 아래서 땀이 범벅이 되어 일할 때는 시원한 상점에서 깔끔한 모습으로 살아가는 것이 부럽기도 했었는데, 들로 산으로 맘대로 누비다가 갑자기 한정된 공간에서 하루를 보낸다는 것이 내겐 여간 힘든 게 아니었다. 어떤 일에나 야물지 못한 나는 하루에도 몇 차례씩 찾아오는 현대판 방물장사를 거절치 못해 필요치 않은 물건들만 쌓여갔다.

그렇게 햇병아리 시절도 지나 이제 조금 손님의 마음을 알 듯 하니 나도 모르는 버릇이 생긴 것이다. 신발 하나에도 오묘한 사람의 심리가 숨어 있는 것 같아 흥미를 느낄 때도 많다. 모양도 색깔도 가지가지인 구두 위의 고운 먼지를 닦으며 이 신발의 주인은 누구일까 궁금해 하기도 한다.

어떤 것은 구두코가 너무 뾰족해서 동화 속의 일곱 난장이를 떠올리게 되고, 어떤 것은 오리 주둥이처럼 넓적하기만 해 보기에도 우스꽝스런 것도 있다. 이런 것을 사 신을 사람이 있을까 염려해 보지만 임자는 따로 있어 저마다 만족해하며 구두를 골라 신는다.

의리를 저버린 사람에게 헌신짝 버리듯 한다는 속담이 있는데, 신발이야말로 고단한 주인의 모습을 말없이 지켜보는 친구이지 않은가? 제 수명을 다해 버려진 헌 신발을 보면 주인의 성격을 조금은 짐작할 수 있다. 꼭 뒤축을 꺾어서 신는 사람은 성격이 좀 급하거나 답답함을 못 견뎌하는 경향이 있고, 두서너 달 넉넉히 신을 수 있는데도 새것으로 사 신는 이는 무엇에

나 빨리 싫증을 느끼는 사람이 아닐까.

각양각색의 신발 형태를 보며, 고사 일화의 한 토막을 떠올려 본다. 삼봉 정도전이 일찍이 등청하는데, 신은 신이 한 짝은 희고 한 짝은 검은 것이었다. 공좌(公座)에서 서리(胥吏)가 고하니, 공은 내려다보며 한 번 웃고는 끝내 바꾸어 신지 않았다. 일을 마치고 말을 타고 갈 적에 웃으며 하인에게 말하기를 "너는 내 신이 한 짝은 검고 한 짝은 흰 것을 괴상하게 여기지 말아라. 왼쪽에서는 흰 것만 볼 것이요, 오른쪽은 검은 것만 보고 흰 것은 보지 못할 것이니, 무슨 걱정이 있겠느냐." 하였다고 한다.

세상 모든 사람들의 삶의 모습을 보면 자신의 분수에 만족하지 못하고 지나치게 높은 곳에 마음을 두는 이가 있는가 하면, 내게 주어진 자리에 만족할 줄 아는 사람이 있다. 그중에 발에 꼭 맞는 신발을 신은 것과 같이 세상을 여유 있게 볼 줄 아는 지혜를 가진 사람이 더 많지 않을까 생각해 본다.

대장장이 집에 칼이 없다 했던가.

처음 구두 상점을 열 때는 멋진 구두를 맘껏 신을 줄 알았다. 그러나 신발장을 열어보면 유행에서 뒤진 신통찮은 구두 몇 개가 전부다. 그래도 욕심이 생기지 않는 것을 보면 신발집 주인 자격이 생긴 것은 아닌지. 나는 오늘도 구두를 팔며, 행복까지 덤으로 담아 주는 꿈꾸는 상점을 열고 있다.

나의 사랑 나의 일

상큼한 새벽공기가 숲으로부터 불어오는 이른 아침은 하루 중 가장 행복한 시간입니다. 어느새 논두렁을 한 바퀴 돌고 오는 부지런한 농부의 모습에서 풍요로운 가을을 느끼며 나는 지난밤 물에 담가 놓아 토실 해진 콩을 삶기 시작합니다.

불을 지핀 지 몇 시간 지나면 온 마당은 콩 삶는 냄새로 가득하고 산비둘기 몇 마리 마당 끝으로 마실을 옵니다. 마음까지 이렇게 풍요로워지고 내 하는 일에 만족하기까지 오랜 시간이 지난 것 같습니다

남편과 나는 결혼할 때부터 큰 욕심 없이 사랑하며 농촌에서 살 것을 약속했었습니다. 처음엔 젖소를 기르고 우유를 짜는 목장 일로 재미있게 일했는데 소 값 파동이나 우유 파동 그리고 수입사료 먹이는 우리의 낙농이 전망이 없었습니다. 결국

우리는 결단을 내려 직업을 바꾸게 되었는데 농촌에 살면서 딱히 수입이 안정적인 일이 의외로 없었습니다.

자연과 하나 되어 욕심 없이 살자던 약속은 희미해져갔고 무엇을 하던 신명나는 일이 없었습니다. 그래도 넓은 터에 종류대로 유실수를 심고 무엇을 할 것인가 여러 가지 고민해 봤지만 터전은 농촌이라 해도, 생활은 도시인처럼 살아야 했으므로 커가는 아이들이나 우리 부부의 노후가 걱정이 되어 늘 가슴 한 쪽이 비어있어야 했습니다. 그 무렵 남편은 집에서 재배한 도라지나 더덕을 가지고 맛있는 차 만들기에 관심이 있었고 우리 고유의 음식 맛보기에 남다른 미각을 가지고 있었는데, 어느 날 우리 된장을 먹으며 이렇게 정성과 맛을 들인 된장을 담아 판다면 승산이 있을 것이라는 말을 했습니다.

이미 유명한 된장들이 수없이 많고 대기업에서 날마다 새로운 마케팅으로 고수익을 올리는 때에 감히 상상도 할 수 없는 일이었지만 맛에서 승부를 걸면 오래지 않아 성공할 수 있을 거란 확신을 했습니다. 처음부터 욕심 없이 시작하고 그리고 처음의 이 맛을 유지한다는 목표로 메주를 쑤고 장을 담았지만 그 다음 판로가 문제였습니다.

아무리 맛있어도 알아주는 이가 없었고 왜 그리 된장 담는 사람들은 많은지 하루하루가 산 너머 산이었습니다. 결국 우린 발로 뛰는 마케팅에 승부를 걸고 날마다 대도시의 아파트단지

자연과 하나 되어 욕심 없이 살자
던 약속은 희미해져 갔고 우엇은 하
던 신명나는 일이 없었습니다.
—나의 사랑 나의 일

를 공략했습니다. 청국장을 쑤어 된장 사는 사람들에게 덤으로 주기도 했고 내가 직접 만든 된장이라는 것을 자랑스럽게 말했습니다.

그렇게 입소문으로 우리 된장을 찾는 사람이 생기고 청국장을 분말로 판매할 무렵 방송에서는 우연히도 청국장이 히트를 치기 시작했습니다. 된장을 판매한 지 몇 년이 지난 지금도 처음에 고객으로 오셨던 분들이 계속 주문을 하시고 우리가 만든 제품에 만족해하실 때 얼마나 보람을 느끼는지 모릅니다.

일이 힘겹고 고달파도 우리 전래의 것을 만들고 있다는 자부심과 멀리서 가까이서 맛을 인정해주시고 찾아오시는 고객을 맞으며 나는 요즘 행복한 농촌일기를 쓰고 있습니다.

바람이 있다면 초심을 잊지 않겠다는 다짐과 더욱 연구 노력하여 인정받는 맛의 대가가 되고 싶고 어려울 때 힘들 때 나를 일으켜 세우신 하나님께 영광을 돌리며 우리의 농촌지킴이로 살아갈 것을 약속해봅니다.

늦가을 풍경화

어느새 살얼음이 얼었다.

비학골에 집 지을 때 소재 아재가 선물한 모과나무는 올해도 튼실한 열매를 달고서 보는 이들의 손길을 유혹한다. 쌍곡계곡의 단풍이 불붙는다 해도 메주를 쑤기 시작하면 나들이는 힘겨울 것이다.

소쩜말 아주머니댁 감나무는 잎이 다 지고 노을빛 감들이 다닥다닥 붙었는데, 우리 집 장독대 곁의 감나무는 아직도 잎이 무성해서 열매가 잘 안 보인다. 그래도 자주 오시는 손님에게 두어 개 달린 감나무 가지를 꺾어 차안에 넣어주는 것으로 나는 가을을 담아 주는 것처럼 마음이 뿌듯해졌다.

갑자기 추워진 날씨에 혼자 들지도 못하는 솥을 닦으며 씨름하고서 메주 쑬 준비를 해야 했다. 아침에 큰애가 강아지 똘똘이 춥다고 걱정을 했던 터라 처음으로 사슬을 풀어주고 마당에서 작업을 시작했다. 장작이랑 다 준비를 했지만 올해부턴 가스로 불을 지피자고 해서 한시름 놓았다. 장작불로 하루 종일 메주를 쑤면서 고구마 구워먹는 재미며 향수 어린 풍경이 있어서 좋긴 했는데, 하루 이틀이지 여간 고된 일이 아니다. 그러고 보니 지난해까지 장수 아저씨가 고생을 너무 많이 하셨다. 일가붙이 하나 없는 아저씨는 새벽잠도 없으신지 동도 트기 전 어스름 무렵에 오셔서 아직도 자냐고 큰소리로 우릴 깨우곤 하셨다. 이름도 장수이지만 풍채며 목소리가 우람하시고 기운도 장사이신 아저씨는 함박눈이 내린 지난겨울에 쓸쓸한 생을 마감하셨다.

산더미처럼 창고에 콩가마가 쌓이면서 나는 속으로 걱정이 이만 저만이 아니다. 올해엔 어떻게 저 일을 다 하나 속으로만 한숨을 쉬는 것이다.

사실 이제까진 메주 쑤는 일에서 난 제외였었다. 여자가 하기엔 힘에 겨운 일이란 걸 아는 때문이다. 그러나 이젠 본격적으로 일을 거들지 않으면 안 될 입장이다. 작년에 메주는 쑤는 동안 몸무게가 10킬로그램이나 빠진 남편의 고생이 실감나는 순간이다.

겨우 메주 한 가마를 만들고 있는데 똘똘이가 안 보인다. 우리 부부는 아랫마을로 윗마을로 앞치마를 한 채 강아지 찾으러 다니고 어머님은 강아지보다 승희의 서운한 맘을 어떻게 달랠 거냐고 핀잔이시고…. 똘똘이는 삽살개와 진돗개의 혈통이 섞여서 보기엔 좀 우습게 생겼지만 큰녀석이 애지중지 하는 놈이다.

아무리 찾아도 안보여서 잃어버린 셈했는데 얼마 후에 임집 사님이 큰길에 개가 있다고 빨리 오란다. 차를 끌고 한 정거장 가니까 우리 똘똘이가 지나는 승용차만 보면 따라가다가 포기하고 또 차에 달려들고 그러는 게 아닌가. 세상에, 아침에 아이들 학교에 태워다줄 때 따라 나섰다가 내 차를 놓치고 서너 시간이나 차도에서 우리를 찾은 거였다. 개엔 별 관심이 없는 남편도 한 달음에 달려가 끌어안고 나는 또 가슴이 찡하고….

햇살이 많이 기울어서야 콩 두 가마를 삶을 수 있었다. 마당 가득 구수한 냄새가 나고 메주를 만들며 먹어보는 삶은 콩 맛이 얼마나 고소한지 모른다. 모처럼 좋아하는 라디오 프로를 들으며 간간이 남편이랑 살아가는 이야기도 나누고 그렇게 하루가 저물고 있다.

어머님은 짚으로 메주를 엮어 셀 수 없이 추녀에 걸고 계신다. 추녀뿐이랴. 마당 가득 시렁을 걸고 줄줄이 매단 메주꾸러미에서 우리 집의 늦가을 풍경화는 겨우내 간직하게 될 것이다.

겨우 하루 일을 하고서 온몸이 다 녹아나는 듯 나는 이불 속으로 기어 들어갔다.

어떻게 올해도 저 많은 메주를 쑬 것인지 엄살을 피웠지만,

그게 우리의 고정적인 생활 터전이라고 생각하면 사실 지난해보다 더 해야 한다고 말해야 옳았다.

철없는 아내의 엄살인 걸 너무나 잘 아는 배불뚝이 남편. 그이의 배가 오늘부터 한 달 후면 홀쭉이가 될 거라 생각하니 피식 웃음이 나온다.

그래 일하면서 살 빼고 그리고 우린 이렇게 대대로 물려주어야 할 전통식품을 하는 거니까 더 행복하고.

꿈나라로 향해 가면서 끙끙 앓는 소리로 행복한 하루여서 감사 하다고 기도문을 외고 있었다.

대포리 연가

안개에 휩싸인 아침이다.

한 치 앞도 안 보이는 미로 같은 어둠.

안개 속을 거니는 것이 황홀하다고 노래한 시인이 있지만 우린 관광차를 대절하고 길 떠날 채비를 하고 있기에 걱정이 앞섰다. 사람들이 모두 차에 오르고도 한참 뒤늦게 '저벅저벅' 저만큼서 움직이는 물체가 보이고 이젠 다 오셨으니 출발한다는 기사의 안내가 이어졌다. 그분이 자리를 정해 앉고 나자 미경이 아줌마가 이렇게 말해줬다.

"저분 별명이 왕백이 산신령인 거 모르지?"

그러고 보니 아저씨 머리가 새하얗다 못해 빛이 났다. 산신령이란 말이 재미있기도 했지만 사실은 아주 오랜만에 들어보는 친정의 산 이름이 반가워서 자꾸 웃음이 났다.

'왕백이' 그 이름 속에 꿈틀대는 기를 느낄 것 같은 산 이름. 친정 마을을 끼고 웅장하게 둘러선 산이 왕백산이었다. 그 산에는 백로가 떼를 지어 살아서 멀리서도 푸른 숲과 하얀 백로의 모습이 장관이었다. 다들 어디로 떠났을까?

대포리의 옛이름은 한개네(한 그네)다. 마을 앞으로 커다란 개울이 있어서 그렇게 불렸다고 전해진다. 남양 홍씨의 집성촌으로 홍촌말이라고도 불렸는데 기름진 뜰과 강을 앞자락에 깔고 삼태기 모양으로 옹기종기 모여 앉은 마을은 늘 온화한 기운이 감돌곤 했다.

이젠 이천이 시가 된 지가 오래고 더불어 대포리가 대포동으로 바뀌었지만 어딘가 바닷가 포구의 한 지명처럼 바다 냄새가 나던 이름. 아마도 아주 옛적에는 그 냇가에 소금을 실은 나룻배가 들어오지 않았을까 하는 생각도 해보는 것이다. 땅 이름에도 팔자가 있다고 어느 날 친정마을 미륵댕이에 비승 부대라는 공군 기지가 들어섰다. 매일 비행기가 뜨고 내리고 포를 장진해둔 것이 대포동과 무슨 인연이 있었을까? 모자 쓴 돌부처가 모셔져 있어 신비하고 엄숙했던 그 골짜기가 이젠 군인들로 가득하다.

대포리의 매력이라면 마을 입구에 두 줄로 심긴 소나무 길을 꼽는다. 옹이마다 세월의 흔적을 간직한 등 굽은 노송이 말없이 나그네를 반기는 곳. 그 솔향 은은한 길을 거쳐야 마을에 닿는다. 사철 푸른 소나무를 심은 데는 깊은 뜻도 있지 않았을까? 올곧은 맘과 기백으로 후손들이 살아가길 바라셨으리라. 소나무의 매력은 흰 눈이 쌓인 겨울이라야 돋보이는 것처럼 우리의 삶이 겨울같이 혹독할 때 오히려 강인함을 보여주라는 묵시처럼 다가온다.

마을 위 제일 높은 곳에 예배당이 이젠 현대식 건물을 자랑하며 마을을 내려다보고 있다. 내가 어렸을 때도 교회 사택의 유리창은 마을을 한눈에 볼 수 있어 좋아했던 곳이었다. 전도할머니가 언제나 수술한 내 허리에 손 얹고 기도해 주시던 곳. 그래서일까 그 후로 한 번도 허리가 아픈 적 없다.

버스가 주막거리를 지난다. 술 좋아하신 할아버지를 모시러 가끔 가본 막걸리 집 뒷마당. 허름한 영양탕 집으로 변모해 있다. 작은 구멍가게가 있었고 그곳에서 읍내로 가는 버스를 기다렸다. 처음으로 엄마와 떨어져 읍내에 자취방으로 가던 날 아버지는 버스에까지 오르셔서 연탄가스 조심하라고 하셨다. 오래전 할아버지가 어린 손녀딸과 돌아가신 작은 아버지 병원비로 헐값에 파신 땅에 비닐하우스 단지가 들어서 있다. 저 넓은 뜰에서 땀과 눈물로 가꾼 곡식이 우릴 키운 것이다. 그리하여 다시 흙으로 돌아가신 내 핏줄의 당김이 햇살에 스러지는 안개 속에서 뭉클하게 느껴진다. '두렛물', '똘개', '장괭이' 등 골짜기들 이름이 아직도 변함없이 불리고 그 속에서 다시 한

세대가 생명을 키우고 있다.

참나무 숲이 우거지고 왕벌이 윙윙대던 엉구리 고개의 도토리 줍던 곳. 광식이네 집 뒷산은 벌목으로 숲의 형태도 사라진 지 오래고 그 식구들도 서울로 이사한 지 오래 되었단다.

이젠 남양 홍씨들 말고 타성이 더 많아진 마을.

그래도 명절에는 오후가 되도록 두루마기입고 집집마다 차례드리러 가는 씨족이 사는 마을. 대포리 연가를 부르려니 나를 키워주던 들녘의 바람 냄새가 갑자기 코끝을 시큰하게 한다.

염소와 부부싸움

며칠 전 아는 분이 염소를 사왔는데 몇 마리 키워 보겠냐며 전화가 왔다.

소 키우던 외양간도 있고 옥수수 대궁도 그대로 밭에 많고 괜찮을 것 같아서 수컷 두 마리와 암컷 여덟 마리를 들여왔다.

어릴 때 가끔 마을 어귀 개울가에 매어져 비가 올 때마다 유독 매~매 거리는 새카만 염소를 본 기억밖에 없는 나로서는 조금 신기한 기분까지 들었는데, 아이들도 귀여운 염소를 보며 좋아라 야단이다.

쉴새없이 볏짚을 먹으며 오물거리는 모습이 제법 옹골찼다.

소도 있고, 토종닭도 두 마리 있고, 염소까지 있으니 동물농장 같아 내심 좋아라 했는데 일은 엉뚱하게도 그날 저녁 염소를 우사로 몰아넣으며 벌어졌다.

얼굴에 노루처럼 누런 줄이 두 줄 있는 못생긴 수놈이 훌쩍 울 밖으로 뛰어 달아나니 약속이나 한 것처럼 아홉 마리 모두 차례로 껑충 껑충 뛰어 달아나버렸다.

눈 깜짝할 사이 염소들은 추수 끝난 벌판을 달리고 있었다. 뜀박질도 못하는 염소쯤이야 하고 앞서 가서 몰아 보려니까 우르르 몰려 뛰더니 이번엔 방향을 잘못 잡아 산 쪽으로 내달리는 게 아닌가.

해는 이미 삼보산 너머로 기운 때라 날이 저물면 염소는 단 하루도 못 키워보고 산짐승을 만들 것 같았다.

'오, 하느님' 염소랑 같이 뛰면서 기도를 해야 했다.

곧 잡힐 듯하면서도 지칠 줄 모르고 달아나는 놈들이 어찌나 얄밉던지 거기다 배가 불룩 나온 남편은 자기도 못 뛰면서 빨리 앞서 뛰라고 성화였다.

날은 이미 어두워졌고 염소들은 소재산 속으로 스며들어 도무지 보이질 않았다.

가끔씩 움직일 때마다 낙엽 밟는 소리가 내 발자국 소리인지 염소 움직임인지 영 분간이 안됐다.

기가 막혔다. 숨이 턱에까지 차서 더 이상 못 뛰겠다고 주저앉으니 남편이 말했다.

저기 재실 헌집으로 몰아넣으면 잡을 수 있으니 한 번만 더 해보잔다. 기진맥진한 상태에서 얼굴에 줄이 있는 수놈을 발견

했다.

묘한 게 염소의 생리였다. 우선 수놈을 헌집 마당까지 몰아넣고 방문을 열어젖히니 훌쩍 방으로 뛰어 들어간다. 나머지는 식은 죽 먹기로 따라 들어가서 두어 시간에 걸친 달리기가 싱겁게 끝났다.

나는 아이들과 앞, 뒤 방문을 막고 서 있고, 남편은 집에 가서 차를 몰고 왔다. 야생으로 키우던 목줄하나 없는 놈들과 남편은 방안에서 로데오 경기를 시작했다.

뿔이 제법 사납기조차 한 놈부터 마구잡이로 잡아 줄로 엮었는데 염소의 다급한 울음소리가 절규를 넘어 숨이 멈춘 듯했고, 문틈 사이로 노린내가 훽훽 코로 들어왔다.

아이들은 밖에서 다급한 염소울음 소리를 듣고, 아빠 염소 죽는다고 살살 하라 통 사정을 한다.

차 뒤 트렁크에 놈들을 짐짝처럼 실어놓고야 게임은 끝났다.

다리가 후들거렸다.

나는 이제까지 참았던 부아를 한꺼번에 터트렸다.

"당신 나하고 상의도 없이 염소 사오고."

"……."

"그리고 내가 일부러 염소를 몰아낸 게 아니라 제 놈들이 뛰어 나갔는데 왜 짜증을 나한테 내냐고."

"……."

"다 개소주 집에 데리고 가서 염소탕을 만들던지 내 눈앞에 얼씬거리지 못하게 하라고요."

그때까지 얌전히 듣고만 있던 남편이 말했다.

"이놈들 덕분에 배에 살 좀 빠진 거 같지? 당신도 생각보다 잘 뛰던데…."

"아이고 내 팔자야 싸움도 못하겠어."

2.

기다림의 계절은

매니큐어를 바르지 않는 까닭

어제는 L클럽 회장의 취임식이 있어서 남편과 함께 정장을 하고 저녁 외출을 하게 되었다. 정장을 하게 될 때면 이것저것 옛날 옷까지 꺼내어 입어 보면 마땅한 것이 없어 씁쓸해진다.

큰 맘 먹고 장만한 정장 한 벌은 치마허리가 어느새 꽉 조여서 입을 수 없고, 그렇다고 청바지 입고 갈 자리도 아니라 난감했다. 나는 그럴 때 불룩 나온 배도 숨길 겸 원피를 즐겨 입고 그 위에 좀 작은 재킷을 입는다. 이런 스타일을 남편은 싫어하는데 내가 편한 옷이라 그렇게 입고 나선 것이다.

힐끔 날 보더니 옷이 그게 뭐냐는 둥, 체형도 고려하지 않고 미적 감각도 없다는 둥, 내 자존심을 여지없이 짓밟는다. 늘 그런 식이다. 어쩌다 한 벌 장만한 고가의 정장은 손꼽을 정도로 입다가 그마저 살이 쪄서 맞지 않고 내가 좋아하는 색깔과는 정반대의 색감을 좋아하는 남편은 감각이 둔한 여자라고 아주 대놓고 무시하는 것이다. 생각 같아서는 차 세우라 하고 길에서 내리고 싶은데 억지로 참느라 나중엔 서러운 생각까지 들었다.

행사장에 가보니 반가운 얼굴들이 있는데 하필이면 그녀들의 긴 손톱에 바른 매니큐어와 값비싼 보석의 치장만 눈에 들어왔다. 매니큐어는 결혼할 때 한 번 발라보고 그 후에 외출할 때 바르려고 산 적이 있다. 보일 듯 말 듯한 핑크색 매니큐어를 발라보니 손이 한결 예뻐 보이긴 했다. 그러나 내가 하는 일이 무엇인가. 전통식품을 만들면서 손톱을 기르는 것도 안 되거니와 매니큐어는 더더욱 안 되는 것이다.

장독대의 잡풀을 수시로 맨 손으로 뽑으니 손톱 끝은 풀물이 들어 있고, 손은 어느새 시커멓게 그을려 있어 그녀들의 손과 비교될까봐 얼른 식탁 밑으로 숨겼다. 다른 때 같으면 별일 아닌 것을 집에서 나올 때부터 무수리 나무라듯 한 남편의 말에 심정이 상했던 터라 슬퍼지기까지 했다.

나도 한때는 손 예쁘다는 소리 많이 들었다. 새하얀 피부에 길쭉한 손가락 오죽하면 어머님이 날보고 저런 손으로 어떻게 밥을 해 먹을까 하셨다. 손에 물마를 날 없이 살아온 내 25년 결혼생활과 마디마디 굵어지고 굳은살이 박인 그래서 악수하기 민망한 내 손에 매니큐어는 맞지 않는 옷을 입은 것처럼 안 어울린다. 하지만 나마저 내 손을 부끄럽게 여길 수는 없다. 이 손으로 수많은 사람들의 밥을 지어 먹이고 여름이면 돋아나는 잡초와 맨손으로 씨름한 그러고도 맛난 것을 위해 고군분투 하는 내 손에 칭찬을 해주자. 아주 많이.

9월

끝날 것 같지 않은 한여름 뙤약볕이 상큼하고 신산한 새벽바람에 어느새 꼬리를 감추었다. 간간이 바람결에 와닿는 초가을 향기가 이제야 여름을 이긴 승리감에 젖게 한다.

배나무골 아주머니 밭둑에 듬성듬성 심은 수수가 더 없이 정겨워 보이는 요즘이다. 방학 동안 키가 한 뼘이나 커 보이는 앞집 우진이는 제법 숙녀티가 난다.

뜨거운 태양과 대지가 보이지 않는 성장과 고뇌의 시간을 주었다면 이제 가을로 접어든 지금 열매를 품으로 안아야 한다.

가을을 준비한 수첩의 메모를 넘겨보다 깊숙이 숨겨진 빛바랜 사진 한 장을 꺼내 보았다. 그 사진 속엔 지금의 나보다도 젊고 풋풋한 엄마가 쌍둥이 같은 내 남동생 둘을 다정히 보듬고 웃고 서 있다. 내가 초등학교 1학년 때 가을운동회 날의 모습이다. 유치원 동생들과 함께였다. 세월을 40여 년 거슬러 올라 양 볼에 장난기 가득 담은 모습으로 서 있는 사진 속의 얼굴은 지금 7살 조카와 많이 닮았다.

나는 그 사진을 하염없이 바라보다 다시 지갑 깊숙한 곳에 넣었다. 보고 싶을 때 언제든지 볼 수 있을까 하여, 아니 늘 함께 있는 거라고 내 스스로 위로하고 싶어서인지 모른다.

요즘 들어 도무지 쉽게 잠을 청할 수 없는 것은 명절을 앞두고 계신 부모님 생각 때문일 게다. 무시로 아들 생각에 목이 메시지만 명절이 다가오면 더해지는 애잔함을 어떻게 풀어내실까. 얼마나 보고 싶을까. 자식에 대한 짝사랑은 언제쯤 끝이 나는 것일까. 꼬리를 무는 상념으로 잠을 이루지 못해 애를 쓴다.

부모님 앞에서 삼남매를 놓고 떠나야 했던 동생의 심정을 헤아려 본다. 아무리 마음을 다독여 사는 것이 다 그런 거라 초연한 척 해보지만 명절만 다가오면 더해지는 그리움들은 속절없이 선명하다. 그렇게 여름을 이기고 9월 앞에 선다.

가을날의 단상

오늘 해거름에 참깨를 털었다.

뜨거운 여름을 잘도 견딘 풋풋하던 참깨단이 만지면 부스러질 만큼 바짝 말랐다. 어머님과 나는 호두나무 그늘에 자리를 깔고 참깨를 털기 시작했다. 막대기로 톡톡 참깨 단을 두드리면 속살 고운 알갱이가 사르락 사르락 쏟아진다.

저렇게 조그만 씨앗에서 도대체 몇 배의 열매를 맺은 것인가. 토실한 알곡을 거두며 느끼는 자연은 매번 경이롭다.

이른 봄 참깨 골에 씨앗을 넣었을 땐 싹이 제대로 트지 않아 두 번이나 이식을 했었다. 비 오는 날에 옮겨 심었어도 가녀린 참깨 모가 햇살에 주저앉아 제대로 커줄 것 같지 않더니 이렇게 실하게 열매를 내어준다.

지난번 털어놓은 것과 합하면 말가웃은 되겠다며 야위신 어머님이 키질을 하신다. 키질만큼은 아직도 아무나 따라 할 수 없는 어머님만의 기술이다.

새하얀 참깨 알갱이를 남은 햇살에 펼쳐 놓으며 나는 오래지 않은 기억 때문에 혼자 웃어본다.

결혼하던 해였다.

그날도 어머님은 아주버님과 오늘처럼 하루종일 참깨를 털고서 금방 털어놓은 참깨를 한 바가지 주시는 거였다. 아무 말씀이 없으시기에 다 볶아 놓으라는 것으로 알고 샘가에 앉아 참깨를 씻었다.

그런데 참 이상했다. 쭉정이가 왜 그리 많은지 씻어도 씻어도 자꾸 나오더니 나중에는 한줌 밖에 남지 않는 거였다. 샘가엔 참깨쭉정이가 떠내려가지 않고 여기저기 붙어 있어 마치 내가 일부러 참깨를 쏟은 것 마냥 시위를 하고 있고, 그릇엔 조금 남은 참깨가 진짜 알곡이라고 웃고 있고. 그때 철없는 새댁이 어찌 알았으랴 물에 뜨는 것이 다 쭉정이가 아님을….

뭐든지 할 것 같았던 야무진 생각이 여지없이 무너지던 새댁때의 일이었다.

그렇게 하나둘씩 살림을 배워가던 나를 말없이 지켜보던 어머님 연세가 어느새 80이 되셨고 지금은 암으로 투병중이시다.

햇살에 힘없이 주저앉았던 어린 참깨 모종도 이렇게 단단히 자라 열매를 키웠는데 어머님이 하찮은 병균으로 인해 쓰러지

겨울 나목처럼 야위어만 가시는 모습이지만 당신이 수확한 그 참깨로 올 추석 명절에 소금 넣고 송편을 빚을 생각에 마음이 흐뭇하신지 얼굴이 평온해 보인다. —가을날의 단상

실 리가 없다.

한여름 뙤약볕에서도 묵묵히 밭을 일구시던 그 당찬 모습으로 하루 빨리 회복되셔야 한다.

겨울 나목처럼 야위어만 가시는 모습이지만 당신이 수확한 그 참깨로 올 추석명절에 소를 넣고 송편을 빚을 생각에 맘이 흐뭇하신지 얼굴이 평온해 보인다.

이 청명한 가을날에 남은 알곡들이 여무는 것처럼 어머님과 내가 두런두런 가을을 거둬들일 행복한 일들만 있기를 기원해 본다.

메주와 브래지어

작은아이가 초등학교 2학년 때 나는 처음으로 아이들한테 생일 선물을 받았다.

큰아이는 배시시 웃으며 장미 한 송이를, 작은아이는 앙증맞은 포장지를 내밀었는데 그 속에는 예쁜 매니큐어가 들어 있는 것이 아닌가. 얼마나 행복하던지 결혼 이후 한 번도 발라 본 적 없는 매니큐어를 자랑하며 바르곤 했다. 비록 500원짜리였지만.

그 선물을 두고두고 잊지 못한 이유는 정작 둘째 녀석의 진지한 다음 이야기 때문이었다. "엄마 내년에는 돈 모아 가지고 브래지어를 사줄게요." 그 말을 듣는 순간 우리 부부는 배꼽을 쥐고 웃었다. 말썽꾸러기 개구쟁이로 알았는데 그렇게 아기자기한 생각을 하고 있다는데 갑자기 다 커버린 것 같이 느껴졌다.

요즘 우리 집 처마 밑으로 줄줄이 매어 단 메주 꾸러미가 색다른 풍경화를 연출하고 있다.

한 달 내내 가마솥을 걸고 장작불을 지펴 만든 메주가 셀 수 없이 시렁에 걸려 햇살에 몸을 내밀고 있기 때문이다.

하루저녁 물에 불려 푹 삶아낸 큰솥에선 구수한 냄새가 진동을 하며 하얀 김이 서린다.

그러면 어느새 남편보다 훌쩍 커버린 아이들이 광주리를 번쩍 들어 날라주기도 하고 볏짚으로 묶은 메주를 옮겨 달기도 한다.

처음엔 별것 아닌 줄 알고 아궁이 앞에서 군고구마 먹는 재미로 일을 거들더니 메주 쑤는 일이 결코 쉽지 않은 노동임을 알고는 슬그머니 꽁무니를 빼려고 했다.

한편으론 좀 안쓰러운 맘도 들었으나 아이들이랑 같이 일하면서 지금 우리가 하고 있는 일은 굉장히 소중한 문화와 전통을 이어 가는 거라고 자랑스럽게 말해줬다.

사실 요즘 농촌의 아이들도 일을 전혀 해보지 않아서 또는 시간이 없어서 부모님을 돕는 경우가 별로 없다. 그런데도 우리 아이들은 당연히 해야 하는 일인 줄 알고 있으니 여간 고마운 게 아니다.

연년생으로 같이 울고 보채고 하던 때가 엊그제 같은데….

요즘 경제 한파가 시골 구석구석까지 몰려와 걱정들이 이만 저만이 아니다. 애써 가꾼 피눈물 나는 농산물의 수확도 포기한 채 논밭에 있는 모습을 보면 가슴이 저려온다.

그래서 수없이 고민하다가 농촌에서 할 일 중에 메주와 된장을 만들기에 이른 것이다.

언제부터인가 사람들의 생활이 복잡해지면서 전래돼 오던 일들이 뒷전으로 밀려나게 되었다. 우리 문화의 대부분이 손끝에서 나온 정성과 시간과 오래 삭임의 문화이지 않은가.

산업화와 발 빠른 시간의 짜임 속에서 은근과 끈기가 사라진 지금 누군가는 힘들지만 그 일을 계승해야 하리라고 생각하던 때였다.

가끔씩 우리 집 된장찌개를 먹어본 사람들이 농담 삼아 했던 말이 어느덧 나를 된장여사로 불리게 만들었다.

묵묵히 일 잘하는 남편. 씩씩하지만 때론 딸아이마냥 날 감동시키는 아들이 둘이나 있다. 이 겨울 난 부푼 꿈으로 가득한 하루를 맞고 있다.

모세의 팔

구약성경 출애굽기에 보면 애굽을 떠나 가나안 땅으로 가는 이스라엘 민족과 아말렉 사이에 전쟁이야기가 나온다.

노장 모세가 이끄는 이스라엘 민족이 가나안으로 가기 위한 노정에는 숱한 고난과 전쟁과 역경이 있었지만 그때마다 기적 같은 일들을 통하여 문제가 해결되는 것을 보게 된다.

애굽에서 벽돌이나 굽고 노예의 신분으로 살던 사람들이 군사 훈련을 받았을 리 만무하고 보나마나 오합지졸일 텐데 모세는 출애굽 후 처음으로 맞닥뜨린 전쟁에서 망설임 없이 후계자 여호수아에게 사람들을 택하여 나가서 싸우라 명한다.

이스라엘 민족의 지도자 여든 살 노구의 모세는 전쟁에 앞장서지 않고 산꼭대기에 이르러 손을 들고 하나님께 기도한다.

성경에는 기도 내용이나 기도했다는 구절 대신 '손을 들고'라는 표현이 전부다.

그러나 자기 민족이 아말렉에게 패하여 가나안땅 문턱에도 못 가보고 전쟁에서 죽는다는 생각을 해본다면 모세가 손들고 그의 하나님께 간장이 찢어지는 기도를 했음을 미뤄 짐작해 볼 수 있다.

모세가 손을 들고 있으면 이스라엘이 이기고 모세가 팔이 피곤하여 손을 내리면 아말렉이 이겼다고 했다.

아론과 훌이 모세의 팔을 양편으로 들어 올려 해가 지도록 내려오지 않게 하여 결국 이스라엘이 승리한 전쟁이야기이다.

막냇동생이 위암 선고를 받고 급하게 수술날짜를 알려왔다.

수술하는 날 병원엘 가야 하나, 어떻게 해야 맘을 추스르게 위로해 주나 생각을 거듭해도 해답이 나오지 않았다. 혈기왕성한 42살의 젊은 동생은 얼마나 막막한 생각의 실타래를 풀었다 감았다 할 것인지, 정 많으신 친정아버지는 아들의 병으로 인해 지레 몸져누우셨을 것 같아 일이 손에 잡히지 않았다.

이미 임파선까지 번진 암세포가 왕성해서 곧바로 수술을 할 모양인데 우리 집엔 일이 산더미처럼 쌓여있고 나는 다리에 힘이 쭉 빠지며 눈물로 베갯잇만 적시고 있었다.

그때 불현듯 새벽기도 시간에 모세의 기도가 떠오른 것이다.

나도 모세처럼 처절한 기도를 해서 동생을 돕자. 내가 수술실 밖에서 애태우며 기다린들 무슨 도움이 될 것인가 생명을 주관하시는 하나님께 금식하며 기도하자. 이스라엘 민족의 생사를 걸고 모세가 들었던 팔에 비할 수는 없지만, 그 하나님께 모세처럼 팔을 든 것이다.

수술시간에 맞추어 아이들이 떠난 빈방에서 무릎을 꿇고 두 손을 들자 눈물이 강처럼 흘렀다. 내 동생을 살려달라는 말도 할 수 없을 만큼 미어지는 가슴을 억누르려니 애간장이 녹는 심정이랄까. 그냥 손만 들고 울고 있는 것이다. 네 시간여의 피 말리는 수술시간이 사흘처럼 길게 느껴지고 내 팔도 수없이 아래로 떨어졌다.

결국 나는 한마디 기도도 드리지 못한 채 두 손만 들고 흐느끼다 방을 나와 서울병원으로 향했다. 제 설움에 겨워 울기만 한 기도였으나 하나님은 내 맘을 헤아리셨는지 수술 끝난 동생이 천사처럼 평온한 얼굴로 내게 웃어 주었다.

이제 살겠다는 생각이 확신처럼 느껴지며 그렇게 감사할 수가 없었다. 손 쓸 수 없이 온몸에 퍼지지 않은 것 감사하고, 수술을 담당한 의사가 자신 있게 환자를 돌봐줘서 감사하고 그저 모든 것이 감격이랄까.

새롭게 나머지 인생을 선물로 받은 동생 앞에 아직도 험난한 가나안의 노정이 남아 있겠지만 나는 확신한다. 이런 큰 아픔으로 하여 더 성숙하고 더 소중한 삶의 가치를 보듬고 살아갈 줄을.

바 람

해피는 우리 집 강아지 이름이다.

며칠 전 아침 일찍 바쁘게 외출 준비를 하는데 해피가 보이지 않았다.

내가 현관문을 열면 기다렸다는 듯이 날 따라 다니며 귀찮게 구는 녀석이 아무리 불러도 나타나지를 않는 거였다.

혹시 이웃집에 마실을 갔나 싶어 볼 일을 보고 해거름에 집에 왔지만 그때까지 녀석이 보이지 않았다. 이런 일은 처음이라 갑자기 불길한 예감이 들어 랜턴을 들고 뒷밭으로 풀숲으로 그리고 깊은 수로에 빠져 나오지 못하나 정신없이 녀석의 이름을 불러도 기척이 없다. 뜬금없이 목이 메어 왔다. 그래도 푼수처럼 강아지 이름을 목메게 불렀다. 마을을 한 바퀴 다 돌아도 녀석은 없었다.

해피는 두 아들이 다 군에 가고 없던 올 봄에 지인으로부터 얻어온 강아지다. 애들 둘이 한꺼번에 집을 떠나고 난 후 어찌나 허전하고 쓸쓸하던지 먼 산만 보고도 눈물을 훔치던 때 우리 집에 온 것이다. 페키니즈 종으로 하얀 털에 눈이 보름달처럼 큰 아주 예쁜 녀석이었다. 도시에선 방에서만 기르는 애완견이지만 나는 그냥 잔디밭에 놓아길렀다. 손바닥에 쏙 들어올 정도로 작은 놈이 재롱도 많아 혼자 집에 있는 날이 많은 나에게 이야기 친구가 되어주고 또 외출에서 들어오면 그렇게 반갑게 맞이해 주고 우린 찰떡궁합처럼 서로에게 애정을 쏟았다.

적적한 사람들이 반려견을 기르며 자식처럼 돌보는 맘을 이해하고도 남았다. 잔디밭에 풀이라도 뽑을 양으로 호미를 들고 일하면 영락없이 녀석이 내 손의 장갑을 물고 늘어진다. 그리곤 발랑 누워 같이 놀아달라고 떼를 쓰면 목덜미를 간지럼 태우는 것이 내가 녀석을 예뻐한다는 애정 표현이다.

아침에 산책하다가 이웃집에 들러 차 한 잔 하느라 늦어져도 꼭 내 신발 옆에 얌전히 앉아 기다린다. 누가 시킨 것도 아닌데 해피는 날 졸졸 따라다니며 행복하게 해주었다.

해피를 기르며 나는 점점 푼수댁이 되어가고 있었다. 사진을 찍어 우리 아가라고 친구들에게 보여주고 얼굴이 지저분할까봐 하루에 수도 없이 세수를 시켰다. 그래서 녀석은 내가 밖의 수돗가에 앉아 제 이름을 부르면 귀찮게 세수시키는 걸 알고 슬

슬 도망을 가는 꾀가 많은 녀석이었다.

다음날도 해피는 보이지 않았다. 마을 사람들도 모른다하고 아무리 찾아도 없고 앞 집 외에는 전혀 나가지도 않는데 밤사이 감쪽같이 사라져 흔적이 없는 것이다.

얼마나 서운하고 허전한지 내 귀는 밤에도 밖의 작은 소리에 민감하게 해피소리처럼 환청이 들려왔다. 집에서 기르던 작은 짐승 한 마리의 부재가 이렇게 눈물 날 만큼 서운하면 자녀를 잃어버린 부모의 맘을 어떻게 말로 표현할 수 있을까. 갑자기 숙연한 맘이 들었다. 아마도 내가 아들들 군에 가고 나서 너무 많은 정을 주었나 보다. 이웃집 할머니가 강아지에게 쏟는 정을 부모에게 반만 하면 효부상을 타겠다고 하셨는데 적당히 정을 주었어야 했다.

그렇게 5일이 지났다. 이젠 없을 거라 포기하고 있는데 아랫마을에서 집사님이 해피같이 보이는 강아지가 있다는 전화를 했다. 한걸음에 가서 해피를 부르니 녀석이 꾀죄죄한 털에 풀씨를 여기저기 묻히고 어디선가 나타났다. 어떻게 이렇게 먼 곳까지 왔을까 얼마나 집을 찾아 돌아다녔을까. 배가 얼마나 고팠을까. 번쩍 안고 오려니 마을 아주머니가 밥 한 끼도 안 굶기고 다 주었다는 거였다. 그 댁의 진돗개가 새끼들일 때가 되어 시집보내러 갔는데 우리 강아지가 그 빈집을 지키고 있는 중이란다. 설마 우리 해피는 아직 몇 개월 안 된 애기인데 바람이 났다고(?). 믿어지지 않았지만 얼른 차에 태워 집으로 데리고 왔다. 그런데 집에 와서 몇 분도 안 돼 녀석이 거짓말처럼 또 사라진 거였다.

정말이었다. 차를 몰고 아랫마을에 가보니 해피는 방금 도착했는지 숨을 할딱이며 하마만한 암캐 옆에 의젓하게 앉아있었다.

아! 바람이었다. 순전히 가을바람 탓이리라 그렇게 믿을 수밖에.

백일휴가와 일병휴가 사이

군에 있는 작은아들이 휴가를 얻어 집에 온다고 했다.

요즘처럼 날씨가 매섭게 추울 때면 아들이 걱정되고 궁금하기도 해 따뜻한 방안에 있기가 미안할 정도로 안쓰러웠는데 아이가 온다는 전화가 얼마나 반가운지.

아들 둘이 한꺼번에 군에 가고 난 후에 군복 입은 사람만 보아도 눈시울이 젖던 때가 있었다. 뉴스에서 보도되는 부대 사고 소식을 접하면 몇 날이고 잠을 이루지 못하기도 했다. 곁에 있을 땐 몰랐는데 왜 그리 보고 싶은지 휑한 식탁 앞에서 시도 때도 없이 눈물을 찍어냈다.

오래된 영화 '라이언 일병 구하기'란 영화를 보며 네 아들을 다 전쟁에 보내 아들 셋이 전사하고 막내아들 라이언 일병을 구하기 위해 수많은 군인들이 희생되는 이야기가, 그리고 아들을 기다리는 절제된 어머니의 표정이 절절이 가슴에 와 닿았다.

전시도 아니고 유약한 우리 아들들이 나라를 지키기 위해 건강한 몸으로 군에 입대한 건데 뭐 그리 눈물바람이냐며 남편의 핀잔이 많았다. 훈련소에서 자대 배치 후 100일 동안은 신병관리기간이라 외박 외출 면회 등이 없는데 100일 후에 신병위로 휴가(100일 휴가)를 다녀간 다음부터 신기하게도 이제는 잘 있으려니 그렇게 기도하는 맘으로 지내고 있었다.

집에 도착한 아들은 거수경례 대신 "엄마 이젠 군복이 잘 어울리지?" 하며 히죽 웃는다. 그러고 보니 군복이 낯설지 않고 친근해 뵈는 게 마치 교복 입은 것처럼 잘 어울린다. 모자에 선명한 일병 계급장을 달고 여유 있게 휴가를 나온 아들이나 "어서 오라"는 말 한마디로 아들을 반기는 나나 생각해 보니 많이 성숙해진 것 같다. 마치 죽었다가 살아온 사람 만나는 것처럼 맨발로 뛰어나가 부둥켜안고 울던 엊그제에 비하면 나도 일병이란 계급장을 달은 모양이다.

연년생으로 태어나 무던히도 고집을 피우며 울던 개구쟁이가 이렇게 의젓한 군인이 되어 있는 게 마치 꿈같았다. 군에서 혹독한 훈련과 인고의 시간들이 앞으로 아들이 헤쳐나갈 멀고 먼 인생항로에 밑거름이 될 줄 나는 믿는다.

2박 3일의 짧은 휴가 일정이지만 몸도 맘도 여유 있는 휴가를 보내고 의욕으로 가득한 군생활이 되기를 기도해 본다.

별 리

희망을 놓아버린 오열 앞에 그들은 사랑의 경험이 차라리 누추함을 알게 됐다.

'부부의 정'이란 말도 그 곁에 놓이자 그토록 허망할 수가 없었다. 금강산 상봉장에서 52년 만에 남편 임한언(74)씨를 만난 남쪽의 아내 정귀업(75)씨는 하고픈 말을 참지 않았다.

남편 손을 잡고 "하늘과 땅을 합친 것만큼 좋다."고 했고, 헤어질 땐 "시계바늘이 한 점도 쉬어주질 않는다."고 안타까워했다.

고명하다는 어느 시인들보다 그녀의 말은 빼어났다. 그러나 가슴을 열어젖히니 반세기 동안 쥐어 짜인 심장에서 피가 뭉클뭉클 솟는 듯했다.

그녀는 "꽃방석을 깔아줘도 마다했을 가시밭길을 50년 넘게 혼자서 훠이 훠이 걸어왔어라우."라고 말했다. "지금도 못 만났으면 넋새가 돼 울고 다닐 것."이라는 절규에 이산의 무참함은 더 이상 생생할 수 없었다.

이것은 금강산 상봉 때(2002. 5. 2) 신문에 난 어느 구절이다.

남편의 손을 놓기 전 복받치는 통한을 쏟는 화면을 보며 모두들 가슴으로 울었던 날이다.

이별에 대해 더 무슨 아름다운 말이 있으랴 싶게 할머니의 말씀은 모두가 시처럼 들렸다.

그래도 정할머니 내외는 살아서 만났으니 얼마나 행복일까. 우리 친척 할머니는 피란 중에 집에 오시지 않은 남편을 한평생 기다리며 사시다 가셨다.

유복자로 태어난 그 고모가 벌써 50대가 되었으니 젊은 날 겪으신 아픔들로 인해 눈도 제대로 못 감으셨다. 그때까지 할아버지 제사도 모시지 못했음은 물론이다.

이념이나 체제로 인해 이렇게 가슴 사무치는 이별은 언제쯤이면 아름답게 매듭이 풀릴까.

정할머니는 인연을 가장 귀한 것으로 가슴속에 묻으며 사신 분이니 오늘을 사는 우리의 변질된 사랑에 비해 더욱 귀하게만 보인다.

주례사 앞에 서 있는 예비부부에겐 사랑이란 말만 존재하는 것처럼 보인다. 그들 중 어떤 부부에게 이별이 있을 것을 예감할 수 있겠는가.

이별 앞엔 여러 가지 사연도 많다. 그러나 불가항력적인 것 외에 무엇으로도 이별을 정당화 시킬 순 없을 것 같다. 병들었을 때나 젊었을 때나 늘 함께 사랑한다고 많은 증인들 앞에서 선서했지 않는가.

살다보면 사랑의 빛깔도 흐려질 때가 있지만, 때론 웅크리고 잠든 남편이 측은할 때도 있던데.

가슴 저린 이별의 사연들 앞에서 우리의 불평들이 사치처럼만 느껴지는 하루였다.

할아버지

내가 태어나던 해 할머니는 돌아가시고 할머니 안 계신 사랑방엔 우리 삼남매가 조롱조롱 자라고 있었다.

할머니 젖 대신 할아버지 젖을 만졌고 가끔씩 주막에라도 가시는 날엔 줄줄이 할아버질 따라 나섰다. 할아버진 약주를 좋아 하셨다.

주막에 가신 날은 영락없이 취했으니까.

그래도 다음날 새벽이면 소죽을 쑤시며 우릴 위해 콩이며 고구마를 곧잘 구워 주셨다. 유난히도 병치레만 하는 날 위해 자전거로 학교까지 바래다주시길 또 좋아 하셨다.

밤엔 누가 할아버지 곁에서 잘 것인지 셋이 다퉜다. 매일 등허리를 긁어 달라고 하셨고, 자는 우리를 꼭 한 번씩 깨워 오줌을 누라고 성화셨다.

여름이 무르익으면 할아버지는 논두렁 평평한 곳에 샘막을 지으셨다.

오후 서너 시쯤 되면 엄마는 우리에게 감자며 옥수수 찐 것을 챙겨서 들로 보냈다. 군것질 거리라도 있어야 오래 샘막에서 놀다올 테니 말이다.

해가 동산에 반쯤 걸치면 할아버지는 소 뜯기러 개울 둑에 가셨다.

샘막에서 삐죽이 얼굴을 내밀고 바라보는 저녁놀은 참으로 신기한 광경이었다. 넓은 벌판이 있고 군데군데 하늘을 찌를 듯이 미루나무가 있고, 그 미루나무들은 우리의 미움을 사기에 충분했다.

언제나 참새떼가 한 무리씩 미루나무에 숨어 버렸고 또 쉬어 가는 때문이었다.

아 우리 집에 마차도 있었다. 큰 암소가 마차를 끌었고 할아버지는 고삐를 잡고 우리는 덜커덩 거리는 마차타기를 무슨 비행기 타는 기분으로 누워서 탔었다.

자라는 우리는 하루하루 커갔고 상급학교 때는 자취를 위해 하나 둘씩 할아버지 곁을 떠났다. 그나마 고등학교부터는 아예 도시로 유학을 했으므로 어쩌다 집에 와 할아버지 방에서 자고 가는 게 전부였다.

내가 시집갈 무렵 연년생 남동생 둘이 한꺼번에 군에 지원을 해서 커다란 집안엔 할아버지와 엄마, 아버지만 남았다.

할아버진 툇마루에 나와 앉아서 언제 그놈들 제대 하느냐 군에 간 날부터 성화셨고 점차 기력이 쇠퇴했다. 할아버지 등허리를 밤마다 긁어 드리고 그리고 할아버지 가슴을 더듬던 내가 어느새 두 아이의 엄마가 되었고 쇠잔한 할아버지는 매일 새벽 소죽 쑤라고 아버질 닦달했다.

남동생 제대 후 학업으로, 직장으로 훌훌 떠나버린 사랑방에서 필터만 남은 꽁초를 자꾸 태우셨다.

며느리도 손녀도 분간 못하시며 일찍 돌아가신 할머님 생신을 기억 하시는 분.

대소변 받아내기를 몇 년이나 하신 후 지난겨울 우리의 곁을 떠나신 할아버지.

내내 춥다가도 삼우제까지 봄날처럼 따사한 햇볕을 주셔서 엄동설한에도 잔디 옷을 입으신 분.

국화꽃 향기 날리며 할머니께 가신 내 할아버지가 못내 그리워서 베갯잇이 흠뻑 젖도록 불러보는 이름. 할아버지….

사랑의 노래

미국의 작곡가 겸 가수인 라이오넬 리치는 그의 양친의 서른일곱 번째 결혼기념일을 축하하는 모임에 참석했다. 그의 형제들과 가까운 친척들도 참석한 화기애애한 파티였다. 이 자리에서 그의 아버지는 자신이 세상을 어떻게 경험하고 굴곡이 많은 세월을 보냈는지에 대해서 말한 다음 옆자리에 앉아 있는 아내에게 사랑이 가득 담긴 따뜻한 시선을 보내며 이렇게 말하는 것이었다.

"수많은 세월을 나와 함께 살아오면서 고난을 견디어 주어 고맙소."

그에게는 아버지의 조용한 이 한마디보다 더 감동적인 것은 없었다. 순간 그는 자신의 결혼 생활을 돌이켜보면서 자신은 지금까지 한 번도 아내에게 고맙다는 말을 하지 못했다는 것을 깨달았다. 동시에 그는 '나 말고도 얼마나 많은 사람들이 아내에게 고맙다는 말을 하는데 인색할까' 하는 생각이 들었다.

그날 밤 집에 돌아온 그의 머릿속에 악상이 샘솟기 시작했다. 그는 아버지의 말을 떠올리며 노랫말을 써내려가기 시작했다.

당신이 내게 준 시간 고맙소
소중한 기억들이 나의 마음속에 자리 잡고 있소
이제 우리는 사랑의 무지개 끝에 도착했구려
지금 나는 소리 높여 외치고 싶소
당신은 나에게 있어서 가장 소중한 여인이라는 것을
그대여 사랑하오
내가 또 한 번 태어날 수 있다면 그때도 당신에게 바치겠소.

그는 이렇게 소박하면서도 쉽고 간결한 언어로 37년의 세월을 살아온 노부부 사이의 다정하고도 지속적인 사랑을 전하는 노랫말을 완성했다. 그런 뒤에 곡을 붙여 그가 이끄는 중창단 코모도어스와 함께 노래했는데 뜻밖에도 이 노래는 부부애의 찬가로 수많은 사람들의 심금을 울리면서 전 세계에서 인기를 모았고, 이 곡이 실린 레코드는 미국에서 백만 장 이상이 팔렸다.

이 음악이 그에게 돈과 명성 이상의 소중한 것을 주었는데 결혼생활의 위기를 가져오는 부주의나 무관심에서 소중한 사랑을 깨닫게 해주었다. 이 노래의 제목이 「이 세상에서 비교할 수 없는 여인(Three times a lady)」 '숙녀 중의 숙녀'라는 뜻이다.

며칠 전 텔레비전 연속극을 보았다. 화면에서는 암으로 초췌해진 부인 앞에 남편이 오열하면서 이렇게 말한다. 내 곁에 그냥 살아 있어달라고. 숨만 쉬면서라도 내 곁에 있어 달라고. 이미 꺼져가는 불꽃인 걸 알면서도 몸부림치며 아내에게 절규한다.

어느 땐가 이별한다는 것은 누구에게나 주어진 운명인데 우린 그걸 잊고 살아간다. 연속극의 남자 주인공도 아내가 병들기 전엔 그에게 아내라는 존재가 소중한 줄 모르며 살았다. 어느 때부터인가 귀찮고 소름끼치는, 그래서 이혼하자고 고래고래 싸우던 사람이다. 정작 아내의 죽음이 너무 가까이 오자 자긴 준비가 되지 않았단다. 혼자가 무섭다는 것이다. 간혹 그가 아내와 크게 말다툼하는 장면 사이로 행복한 미소를 지으며 찍은 결혼사진이 비쳐진다. 그 사진을 찍을 결혼 무렵은 얼마나 행복했을지 까마득히 잊어버리고 무슨 원수와 만난 듯 치열한 다툼을 하는 것이다. 살아가면서 날마다 신혼처럼 행복할 수만은 없겠지만, 사랑하기도 모자란 세월에 서로에게 상처까지 주면서 살고 있다. 우리 인생이 예정된 이별을 향해 가는 것을 때때로 알게 된다면 그렇게 소중한 시간을 허비하지 않을 텐데 말이다.

긴 인생에서 동반자로, 때론 친구로 그렇게 소중하게 지내며 늙으면 얼마나 멋질까. 회혼을 맞도록 해로하면서 노랫말처럼 '당신이 내게 준 시간 고맙소. 수많은 세월을 나와 함께 살아오면서 고난을 견디어 주어 고맙소. 사랑하오.' 이렇게 살아가길 소망하며 다시 노래를 들어본다.

사진 이야기

햇살이 눈부시고 포근해서 겨우내 신었던 부츠를 벗었다.

무심천의 벚꽃이 하나둘 피어난다는 소식을 지역방송 뉴스에서 본 지가 벌써 며칠이 지났는데 아직도 겨울인 양 구둣가게 주인인 나는 여태 낡은 부츠를 신고 있었다.

봄 구두로 바꿔 신은 날, 꽃그림 엽서를 방안 가득 늘어놓은 채 나는 봄 이야기를 쓰고 있고, TV 화면에서는 영정사진을 찍는 사진사 이야기가 내레이션과 함께 지나가고 있다.

어느 노인의 영정사진이란 말이 가슴에 와 박히며 무심코 화면 속으로 빠져들었다.

사진사는 행려병자로 입원한 사람의 마지막을 위한 영정 사진을 찍고 있었다. 초췌하고 야윈 환자가 머리를 쓸어 넘기며 카메라를 응시한다.

봄이 꽃잔치를 벌이고 있는 이 화사한 날에 사랑의 영정 사진을 찍는 화면 위로 냉동실의 설기떡이 뿌옇게 겹치고 있다. — 사진 이야기

사진사는 저렇게 누워 계시더라도 좋으니 자신의 아버지가 살아 계시다면 원이 없겠다고 한다. 그분의 아버지가 돌아가실 때는 변변한 사진도 한 장 없어서 주민등록 사진을 확대해서 썼다며 그것이 못내 가슴에 남아 없는 불우한 이들을 위해 영정사진 찍어주게 되었다고 했다.

며칠 전 일이다.

텃밭의 배나무 꽃이 수줍게 웃고 있던 날 친정 부모님이 오신다고 전화를 주셨다.

내 생일 때문임을 아는 나는 안 오셔도 된다고 했지만 두어 달 전 위암 수술을 하신 아버지가 갑자기 보고 싶어서 오시라고 했다.

엄마는 콩 넣은 백설기를 한 말이나 해서 가져오시고 야위신 아버진 내게 요즘 힘들지 않느냐고 물으신다. 지난번 뵐 때보다 혈색이 안 좋으신 아버지를 보는 순간 갑자기 사진관엘 가고 싶어졌다. 엄마랑 다정하신 모습을 사진에 담고 싶어서 마땅찮아 하시는 두 분을 모시고 막무가내로 사진관으로 갔다.

아버지의 얼굴에 뽀얀 분도 발라 드리고 엄마는 미장원에서 30분도 더 있더니 새댁처럼 화사하게 변해서 들어오셨다. 사진 촬영이 의외로 길어진다. 여러 모습을 담아보고 그중 자연스런 웃음을 순간포착 하는 일이라 영 어색한 모습이다.

해마다 기념사진을 찍어드리다 보면 어느 날엔 두 분의 자리에 빈자리도 있을 것이란 쓸데없는 생각이 자꾸 목이 메이게 했다.

수술실 앞에서 4시간여의 피 말리는 기다림이 있는 동안 아버지도 이젠 많이 늙으셨다는 것을, 그리고 점점 우리 곁에서 멀리 가고 있다는 생각이 들어 얼마나 가슴 미어지던지.

시어머님의 수의를 보는 것도 이만큼 가슴 아프지 않았는데 정작, 두 분의 정겨운 사진을 찍어드리며 주책없이 눈물을 훔쳤다.

봄이 꽃잔치를 벌이고 있는 이 화사한 날에 사랑의 영정사진을 찍는 화면 위로 냉동실의 설기떡이 뿌옇게 겹치고 있다.

덧보기

어젯밤부터 한쪽 가슴이 욱신욱신 아팠다.

아침에 일어나 거울 앞에 서서 옷을 걷으니 왼쪽 젖가슴에 여드름보다 조금 큰 종기가 빨갛게 성이나 있다.

20여 년 전인가 보다.

결혼하고 한 달도 안 돼 오늘같이 똑같은 위치에 조그만 종기가 났었다.

별것 아닌 것 같아 그냥 넘겼는데 며칠이 지난밤에는 잠이 오지 않을 만큼 통증에 시달려야 했었다. 혹시 유방암이 아닌가 해서 얼른 병원에 갔는데 의사 선생님이 너무나 젊었다.

가슴이 아파서 왔다고 했더니 옷을 올려보란다.

머뭇거리는 나를 쳐다보고는 간호사가 옷을 걷으려고 하지 않는가. 그때나 지금이나 부끄럼이 많은 나는 옷을 잔뜩 움켜

쥔 채 단추 두 개만 풀고 진찰하시면 안 되냐고 물었다. 젊은 의사선생님은 다행히 그렇게 하라고 했다.

진찰 후 그렇게 속으로 곪도록 참았냐며 가슴은 지방이 많아 치료하기가 어려운 부분이란다. 그깟 종기 하나를 그렇게 겁주나 하는 생각을 하는 찰나 조금 전까지 풋풋한 미소를 머금던 의사는 인정사정없이 양손으로 종기를 쥐어짰다. 난 그만 기절할 듯이 신음소리가 입 밖으로 새어 나왔다. 거기다 엄살까지 덧붙여 눈물을 글썽이며 의사의 손을 잡고 그만 하라고 매달렸다. 얼마를 짰는지, 또 그 자리에 얼마나 긴 붕대를 심지로 박았는지 집에 와선 앓아누워 버렸다.

정작 가슴의 통증은 없었는데 짜낸 고름과 둘둘 말렸던 붕대가 상처 속으로 다 들어간 것이 눈에 아른거려 지레 병이 난 것이다.

병원을 안방 드나들 듯한 내게 별것 아닌 치료이긴 했지만 첨으로 낯선 남자에게 가슴까지 보이며 짜낸 종기사건이 오늘의 서막에 불과한 줄 그때는 정녕 몰랐다.

결혼 후 3년이 지나도 아이 소식이 없었다.

어머님은 가끔 오셔서 아직 무슨 소식 없느냐고 하셨다. 난 괜찮은데 주위의 어른들이 더 걱정이었다.

병원에 가보고 한약 지으러 가자는 어머님의 손에 이끌려 어느 날 산부인과를 갔었다.

간호사가 안내한 진찰실에 들어서는 순간 수없이 늘어놓은 수술 도구와 이상한 침대가 사람을 그냥 질리게 만들었다.

혼자 왔다면 다음에 온다고 하고 도망갈 것인데, 대기실에 계신 어머님 때문에 동물 같은 굴욕감을 느껴야 했다. 진찰 후 마주한 의사 앞에서는 고개도 못 들고….

그런 수줍음은 첫아이 낳을 때에야 덜 아픈 핑계란 걸 알게 되었으니 철없던 새댁이었다.

배가 아픈지, 허리가 아픈지 도무지 누워 있을 수도, 일어설 수도 없는 통증 앞에 부끄러움이 어디 있으랴.

아침에 본 성난 종기를 치료하러 또 병원에 가야 하는지, 남편의 놀림처럼 다 찌그러진 가슴을 보이러 병원에 가야 하는지. 그냥 약국에서 약이나 사 먹어야 할까보다. 아직은….

새골 가는 길

길은 지금 산허리에 걸려있다. 밤중을 지난 무렵인지 죽은 듯이 고요한 속에서 짐승 같은 달의 숨소리가 손에 잡힐 듯 들리며 콩포기와 옥수수 잎새가 한층 달에 푸르게 젖었다. 산허리는 온통 메밀밭이어서 피기 시작한 꽃이 소금을 뿌린 듯 흐뭇한 달빛에 숨이 막힐 지경이다.

- 메밀꽃 필 무렵 중에서

그랬다.

숨이 막힌다는 말이 그처럼 어울릴 수 있는 메밀밭 가운데 나는 지금 서 있다. 산자락에 숨어있어 도무지 상상도 못했던 메밀꽃을 새골에서 만나고 어떤 말로도 설명할 수 없어서 그만 숨이 막혔다.

이곳은 선주네 김장밭이 있는 곳이다. 해거름이면 땀에 흠뻑 젖은 선주엄마가 휘적휘적 들에서 오면서 새골 갔다 온다던 그 밭이다. 그녀는 내세울 것 없는 종갓집 종부로 셀 수 없는 윗분들의 봉제사를 모시며 몇 마지기 종답으로 그럭저럭 살림을 꾸려나간다. 새골밭도 그중의 하나인데 늘 밭이 멀어 힘들다고 했었다. 주사 심한 남편과 싸워 가슴에서 갈바람 소리가 나는 날은 새골 밭둑에 앉아 눈물을 쏟았다고 했다.

인적 드문 이곳에서 신세 한탄을 하며 김을 매고 있으면 산새들의 노랫소리에 어느새인가 마음의 평온을 찾게 된단다.

여름이 끝나갈 무렵 그녀는 이 밭에 김장 씨를 넣고 와서는 언제 나물 솎으러 같이 가자고 했었다. 아마도 이즈음일 게다. 할아버지가 샘막을 지으셨던 때가.

개울 건너 논둑에 지은 키 작은 샘막은 우리들의 놀이터였다. 허수아비 위에서 놀고 있는 참새와 숨바꼭질하다가 졸음에 겨우면 할아버지 가슴에 손을 넣고 잠이 들었다. 그러다 어느 날은 장괭이 뜰까지 온통 붉게 물들인 저녁놀에 취해 신비한 하늘을 오래도록 바라보곤 했었다.

벼이삭이 튼실해진 논둑으로 접어드니 재잘대던 참새들이 우르르 굼벵이 아주머니의 논으로 날아든다. 아직도 할아버지의 체취가 남아 있을 듯한 샘막이 여기 어디쯤 있을 것 같은 그리움으로 다가온다.

논두렁길을 벗어나 한참을 가면 미영이네 담배밭이 있고 그러고도 삼보산 절이 코앞에 보이는 산중턱까지 왔다. 새참을 이고 이렇게 먼 밭을 두어 번 다녀가면 저녁엔 한 발자국도 옮길 수 없을 만큼 다리가 천근이란다.

속내를 털어놓는 그녀의 이야기를 들으며 모롱이를 돌아서는데 갑자기 눈부신 꽃밭이 거짓말처럼 쫙 펼쳐진 것이다.

메밀꽃이다.

새하얀 꽃송이가 끝도 없이 피어나 살랑이는 바람에 몸을 맡긴 채 수줍은 듯 춤추고 있었다. 메밀밭을 산모퉁이에서 만나고 그 황홀함에 그만 숨이 멎은 것처럼 할 말을 잊은 것이다.

계집과는 연분이 없는 허생원도 달빛에 젖은 메밀꽃 핀 밤의 첫 일을 잊을 수 없다고 했다. 애틋한 사랑을 맺은 가을밤의 메밀꽃이 전설이 아니었음을 말해주는 것 같았다.

이곳부터는 이제 길이 없다.

순전히 메밀꽃 이랑을 손으로 헤쳐야 김장밭에 닿는다. 마치 영화의 한 장면 속으로 들어온 느낌이다. 순백의 꽃을 배경으로 가련한 주인공이 된 듯한.

꽃밭 가운데를 걸어 나오니 파릇한 배추와 무가 나란히 키재기를 하며 크고 있다 손톱 끝이 여물 날 없이 김을 매고 땀을 쏟은 주인의 마음은 무럭무럭 커주는 곡식을 바라볼 때 얼마나 행복한가.

누구도 흉내 못 낼 생명을 가꾸는 농부의 마음이 온몸으로 느껴진다. 그녀의 숨소리를 듣고 자란 여린 배추도 솎고 밭둑으로 가지를 뻗은 노란 동부도 몇 꼬투리 따고 나니 금방 바구니가 가득하다.

가을을 따 담은 바구니를 들고서 내려다보는 새골 뜰에서는 잠자리가 무리 지어 낮게 춤추고 있었다.

3.

혼자보다는 둘이서

몽유병

오늘도 살그머니 일어나서 가방을 챙겨들고 고양이걸음으로 집을 나선다. 그래도 다행인 건 자명종이 울리기 5분전에 스르륵 깨어주는 잠이 여간 고마운 게 아니다. 새벽마다 방문을 나설 때마다 남편의 눈치를 살펴야한다는 게 거북스럽긴 하다. 하지만 난 요즘 남편의 말처럼 몽유병이 단단히 들었다.

사실 이렇게 몸이 알아서 자는 시간마저 자로 잰 것처럼 시간을 챙겨주기까진 마음고생을 많이 해야 했다. 밤을 며칠씩 새우라면 그건 할 수 있지만 일찍 일어나는 건 내게 있어 가장 취약한 부분이었다. 결단의 시간을 갖고 하룻밤에도 수십 번씩 소스라치며 일어나길 반복한 다음에 얻어진 습관이다. 시골의 교회라, 아니 담임목사님이 전통을 따른다고 새벽기도회를 4시에 고정한 것이 문제였다. 꼭 세시 반에 일어나야 20분 걸어서 교회에 닿는다. 차로 가면 5분 거리를 운동하는 셈치고 걷는 것으로 결정을 보았다. 앞집의 우 집사님이 계시니까 동무도 되고.

겨울의 새벽은 한밤중처럼 깊은 잠에 빠져있다. 노신이 쓴 「야송(夜頌)」이란 글에는 밤을 참 멋지게 표현했다.

> '밤을 사랑하는 사람은 고독하고 한가롭고 겁 많고 광명을 두려워하는 사람만이 아니다.'
> '사람의 말과 행동은 대낮과 한밤중, 햇빛 아래와 등불 밑에서 언제나 다르다.'
> '밤은 조물주가 손수 짜 만든 그윽한 하늘 옷으로 사람들을 모조리 두루두루 덮어 따뜻하고 포근하게 한다.'
> '사람들은 자기도 모르게 인간이 만든 가면과 옷을 벗어 던지고 알몸으로 이 끝없는 검은 솜 같은 크나큰 덩이에 싸인다.'

밤 같은 새벽길을 걷다보면 아직 잠에서 깨지 않은 숲의 고요가 있고 정적이 있다. 모든 언어로부터 자유로운 숨소리만 들린다. 전우익 선생님은 산마다 들어선 수많은 나무들이 소리없이 한평생 사는 것과 저수지에 들어찬 어마한 물이 조용한 걸 보고 말을 넘어선 말을 한다고 했다. 새벽을 깨운다고 말하지 않고 그저 정물처럼 새벽의 일부분이고 싶은 것이다.

희뿌연 가로등 몇 개 졸고 있을 무렵 보무도 당당하게 한적

한 차도를 걷는다. 예배랑 기도의 순서까지 다 마치고 집에 와도 다섯 시가 좀 넘으니 달리 할 일이 없어 다시 한숨 자는 것이다. 그래서 붙여진 별명이 몽유병 환자다. 자다가 말고 돌아다니다가 다시 잔다나. 그건 점잖은 표현이고 내가 부스럭거리는 소리에 잠이 깨어 맥없이 뒤척이는 날이면 캑하는 소리가 방문으로 나온다. 그럼 난 얼른 어머님 방으로 들어가 모른 척하고 다시 곤한 잠에 빠지는 것이다. 마누라가 좀 야속해도 힘들면 제풀에 그만 두겠거니 하면 되지 꼭 그렇게 히틀러 흉내를 내셔야 하냐고 기분 좋은 날은 따져본다. 미명에 걸어서 다소곳이 성전 마루에 엎드려 기원하는 것이 무엇일지 그이가 알까? 내 소박한 기도는 자꾸만 더해지는 기도의 제목을, 그리고 기쁨을 같이 공유했으면 하는 것이다.

집에 돌아와 아이의 방으로 가서 자는 녀석의 머리에 손 얹고 속삭이듯 기도를 올린다. 그러면 큰놈은 자면서도 '아멘' 하고 작은 놈은 잠결에도 내 가슴을 더듬는다. 내가 뽑은 대통령이 임기까지 건강하여 원 없이 나라를 위해 일하게 해달라는 기도도 잊지 않는다. 한날의 생활에도 행복한 마음을. 감사한 생각을 갖자고 다짐도 해보며 원하기는 내 몽유병이 오래 오래 치유되지 않았음 하는 것이다.

신진도의 봄

경쾌한 음악이 흘러나오자 코흘리개였던 상열이가 말했다. 난 음악이 나오면 몸에 신기가 있는데….

한바탕 웃고 말았지만 그녀의 신기를 유감없이 발휘한 것은 신진도 유람선 안에서였다.

초봄의 쌀쌀한 기온이 코끝을 빨갛게 하는 삼월의 첫날에 우린 아주 뜻있는 모임을 가졌다.

이천의 단월초등학교 19회 동창모임.

얼마만의 모임인지 햇수를 헤아려야 할 시점에서 모험처럼 여행을 계획했다. 기획에서 준비까지 모두는 고향을 지키는 지킴이의 몫이고 우린 달랑 버스에 오르면 되는 터였지만 그게 그리 쉬운 일만은 아니었다.

모처럼 맞은 공휴일이고 시댁이나 남편에 매여 사는 여자가 자유롭게 동창끼리의 여행을 말하기 어려웠다. 적어도 나는 그랬다. 하지만 정작 출발지에 가보니 기우에 불과했다.

얼마나 자유로운지 다들 흘가분하게 여행에 참가해 주어서 간신히 온 나로서는 격세지감이 들 정도였다. 초등학교 졸업 후 처음 보는 얼굴들이 낯설어 이름까지 기억이 안 나는 친구도 있었다.

무심한 게 시간이었나 보다. 얼굴에 하나 둘 잔주름 늘어가는 40대의 아줌마 아저씨가 그냥 호칭도 없이 '지지배'로 '걔'로 그렇게 신명나게 되살아나고 있다.

그동안 아이 키우고 살림하느라 도무지 나 자신을 위한 시간은 없었는데 느닷없이 초등학교 동창이란 말이 그렇게 신선하게 오감을 자극했다. 어린 시절을 고스란히 간직한 얼굴들이 차 안으로 들어서며 환호성과 반가움에 30년 세월을 훌쩍 뛰어 넘고 있었다.

사회적 잣대로 보는 출세가 없으면 어떻고, 산골에서 장을 담그며 살면 어떠리. 이렇게 건강하고 순진한 모습들을 간직하고 살고 있다는 것이 그저 고맙게 생각되었다.

목적지가 서해안이라고만 했지 자세한 일정도 모르고 오른 여행길이 오후 3시가 되어서야 태안의 신진도라는 항구에 우릴 내려놓는다.

유람선에 올라 물살을 헤치며 바닷길을 가는 동안 가슴이 시원해짐을 느꼈다. 삼면이 바다인 우리나라는 천혜의 자원이 풍부한 축복 받은 땅이란 생각이 든다. 우리가 태어난 곳이 사막이 아닌 것이 얼마나 감사한가. 매양 드넓은 바다를 볼 때마다 사막의 모래 언덕이 검푸른 바다에 젖어들면 좋겠다는 엉뚱한 생각을 해본다.

수려한 바다의 한 점 섬 같은 바위들은 수없는 말을 하다가 잠시 쉬어 말하는 쉼표 같은 느낌이 들고, 한산한 신진도항은 진작부터 봄을 맞고 있는 듯했다. 옷 속으로 파고드는 초봄의 쌀쌀한 기운 속에도 동백꽃 스쳐 지나온 향기가 느껴진다.

한 해에 태어나 한 고향에서 자란 벌거숭이 동창들이어서일까 허물이 없이 편하다. 수많은 시련과 인고의 시간들이 나름대로 있었겠지만 이처럼 반가이 친구를 보러와 준 열정이 더없이 순수했다.

유람선에서의 한 시간 반 동안 러시아 무희 같은 상열이의 춤과 신명이 나면 허리띠를 풀러 뱀춤을 선보인 희일이의 익살스런 몸짓으로 우린 자지러졌다. 대학생 아이를 둔 주부 같잖은 몸매와 치렁거리는 생머리에 노란 염색을 한 상열이는 단연 돋보이는 그날의 마스코트였다. 어린 시절 겪었던 어려움과 좌절의 시간들을 잘 극복하고 수심 하나 없는 모습이 얼마나 대견해 보이던지, '그래 그렇게 열심히 살아라'라고 속으로만 응원을 했다.

함께 세상을 헤치며 가야하는 나의 멋진 동창들에게 최명희의 『혼불』에 나오는 창조적인 날계란 이야길 들려주고 싶다.

> 눈멀고 귀먹어 민둥하니 낯바닥 봉창이 된 달걀 껍데기 한 겹. 그 까짓껏 어느 귀퉁이 모서리에 톡 때리면 그만 죄르르 속이 쏟아져 버리는 알 하나.

그것이 바위를 부수려고 온몸을 던져 치면 세상이 웃을 일이다. 하지만 바위는 아무리 강해도 죽은 것이요 달걀은 아무리 약해도 산 것이니, 바위는 부서져 모래가 되지만 달걀은 깨어나 바위를 넘는다.

삶은 계란이 되지 않으려면 자신을 익혀버리려는 뜨거운 물들과 끊임없이 싸워 나가야 한다. '현재의 자리에 오래 버티기' '자기 계발 게을리 하기. 새로운 변화 피해가기'가 날계란을 익혀주는 뜨거운 물이다

새로운 변화를 두려워하지 말아야 한다. 주위의 눈치를 보지 말고 평지풍파를 일으킬 줄도 알아야 한다. '절대로' '반드시' '꼭' '기필코'라는 말과 거리를 둬야한다. 그래야 창조적인 날계란이 된다.

'바위는 아무리 강해도 죽은 것이요, 달걀은 아무리 약해도 산 것이다.'라고.

샘

사막에 사는 풍뎅이에게는 오랜 건기에도 꿋꿋하게 살아가는 비법이 하나 있다.

이른 새벽 모래언덕에 물구나무로 서서 태양이 떠오르기를 기다리는 것인데, 밤새 차가워진 사막의 기온과 태양의 뜨거운 온도 차이로 제 몸에 이슬이 맺히게 하여 또르르 구르는 물 한 방울을 얻는 것이다. 그야말로 사막에서 오아시스 없이도 물을 얻는 지혜를 어떻게 알아냈을까?

내가 사는 비학골은 예전부터 마르지 않는 샘터가 있던 곳이다. 바가지 샘부터 두레박 우물까지 다양하게 거쳐 오늘 버튼만 누르면 아니, 버튼 쪽으로 손만 가져가도 물이 나오는데도 우린 그냥 입에 편하게 샘이라 부른다.

내 어릴 때 우리 집 앞에도 두레박 우물이 있었다. 해마다 정월이 되면 마을 아저씨들이 풍물패를 만들었다. 멀리서 들리는 징소리가 점점 가까워지고 집집마다 돌면서 액운을 없애고 만복을 기원했는데, 예의 우물가도 비켜갈 수 없는 소중한 장소였다. 우물을 빙빙 돌며 약간의 취기가 있는 상쇠 아저씨의 '뚫으셔 뚫으셔' 소리만은 또렷이 들렸던 것 같다. 나머지는 무슨 말인지 알아듣지 못했지만 풍물패 끄트머리쯤엔 우물가에 사는 병호 아버지가 휘청거리며 신명나게 춤추던 것을 기억한다. 샘을 신성시하기도 했고 터부시했던 것은 맑은 기운을 유지하려던 어른들의 지혜였을까?

요즘은 산골 마을까지 상수도 물을 먹는 터라 지하수를 먹는 집이 많지 않은데, 울안에 지하수를 끌어올리고 한여름에도 손시린 설거지를 해왔던 나는 지금 생각해 보니 참 부자였던 것 같다. 그 샘을 더 깊이 파서 좋은 물을 얻기 위해 기술자를 불렀다. 그분들은 무슨 일에 바빴는지 해거름에 현장에 와서는 흙만 보고도 물자리를 안다고 했다.

남편과 샘 파는 사람과의 사이에 여러 조건들이 제시되고 결국 샘을 파기로 결정을 보았다. 그런데 간간이 들려오는 기술자의 목소리가 어딘가 낯설지 않은 거다. 중저음소리며 말하는 억양하며, 아 나는 단번에 라디오 DJ 배철수를 떠올렸고 외모까지도 많이 닮은 것 같아서 웃음이 나왔다. 정말이지 부엌에서 듣고 있으면 라디오를 듣는 것 같은 착각이 들 정도였다.

이후로 난 그분을 '배철수 아저씨'로 불렀고 아침 일찍부터 굉장히 큰 장비들이 들어왔다. 먹는 물로서 최상의 조건이 아니면 다시 물자리를 메워주는 조건으로 기술자를 부른 우리나 기술을 제공하는 그분이나 약간의 모험을 걸고 시작한 일이었다.

앞으로 3, 4일 더 배나무밭에 샘 파기는 이어질 텐데 아침부터 겨울비가 오신다.

일을 하기 어려울 것 같다는 생각을 하려는데 배철수 아저씨가 와서 "오늘 일이 순연되었습니다. 낼 뵙겠습니다." 하며 꼭 방송 멘트 하듯 하시는 게 아닌가.

물줄기를 에어로 뚫어 자기 기술과 합해 꼭 맛난 물을 드시게 하겠다는 배철수 아저씨의 당찬 약속을 들었다.

나도 저렇게 샘물 나듯 글을 퍼낼 수는 없을까. 가당찮은 상상을 해보며 점심 준비하려던 생선들을 주섬주섬 냉장고에 넣었다.

선운사에서

아카시아 만발한 뒷산에서 가슴 설레는 향기가 저녁내 마당을 맴돌고, 해가 설핏 지고 나니 숨죽이고 있던 개구리의 합창은 그야말로 어수선한 교향곡 한 편처럼 흐른다.

내가 없어도 우리 집 똘똘이는 하루종일 마당에 턱을 괴고 앉아 부쩍 통행이 많아진 농로의 마을 사람들을 훤히 꿰고 있을 터였다.

최영미의 시 「선운사」에서는 동백이 지고 있지만 우리가 찾은 선운사엔 오월의 신록이 새초롬히 몸을 단장하고 그윽한 산의 정기를 더덕 향기처럼 풍기고 있었다.

꽃이
피는 건 힘들어도
지는 건 잠깐이더군

골고루 쳐다볼 틈 없이
님 한 번 생각할 틈 없이
아주 잠깐이더군

그대가 처음
내속에 피어날 때처럼
잊는 것 또한 그렇게
순간이면 좋겠네
멀리서 웃는 그대여
산 넘어 가는 그대여

꽃이
지는 건 쉬워도
잊는 건 한참이더군
영영 한참이더군.

지천으로 피어난 동백을 보았다면 좋을거란 생각을 하며 선운사로 들어서니 사천왕과 대웅전 사이 색다른 건물이 인상적이었다. 승려들이 공부하던 만세루라는 건물이었는데 맞배지붕 형식으로 마루가 깔린 단층 건물이었다. 통나무를 다듬지 않고 그대로 기둥과 대들보를 삼아 넓은 평면에 비해 높이가 낮은 루(樓)의 구조였다.

다른 건물을 짓고 남은 목재로 건립했다는 설이 있는데 우린 마루가 깔린 만세루에 앉아 아늑하고 정겨운 대웅전 마당의 햇살을 피하고 있었다. 제법 넓은 평수로 보아 적잖은 수도승들이 마루에 정좌하고서 무슨 선문답을 했을까 궁금해졌다.

선운사에서 도솔암까지 가는 좁은 산길을 오르자니 계곡 사이로 수줍게 피어난 야생화가 저만 쳐다보라 채근한다. 샤먼 앱트 러셀의 『꽃의 유혹』에 보면 꽃이 단명하다는 이유에 대해 이렇게 말하고 있다. 꽃이 단명한 이유는 너무 많은 일을 하기 때문에 비용이 많이 든다. 아름다움을 유지하려면 온갖 향기와 색깔로 치장해야 하고, 바람이 불 때마다 아리따운 자태로 몸을 흩날려야 한다. 생식의 재료와 도구도 연약하기 짝이 없는데 그래서 한눈 팔 사이 없이 그것들을 지켜야 한다고.

아무도 보아주는 이 없는 산 속에서 저 홀로 피어 삶을 가꾸는 여린 풀꽃에 취해 암자로 가는 발걸음이 더뎌졌다.

도솔암엔 그윽한 찻집이 있어 환상에 젖어본다. 수없는 사람들이 고뇌의 짐을 지고 오르내렸을 험한 산길. 이 길을 다시 돌아 내려갈 때는 버거운 삶의 고뇌에서 놓여나 발그레한 동자승 같은 얼굴빛이었을까?

도솔암을 지나 100여 개가 넘는 가파른 바위계단을 오르면 내원궁이 암벽에 걸려 있다. 숨이 막힐 듯 험한 그 길을 오르며 이미 속세는 저절로 잊을 것만 같다. 하필이면 고단한 인생길처럼 그 높은 곳에 암자를 지었을까? 눈 내려 사위가 설원이 되면 해동 때까지 발목이 잡힐 것이다. 미리 계산에 넣은 고행일 것 같다는 생각이 든다. 무엇을 위해서 이토록 험한 곳에서 자신을 수련했단 말인가. 그리고 산 아래의 생활을 용기 있게 버린 단아한 승려의 얼굴이 그려진다. 마애불에 조각된 미소를 닮았을 것만 같고.

낙조대에서 마셔보는 바닷바람 냄새. 갖은 풍상에도 꿋꿋이 자라나는 소나무 둥치. 아마도 이 산은 봄, 가을 없이 그렇게 멋진 모습으로 당당할 것만 같다.

선운사에 가신 적 있나요
바람불어 설운날에 말이에요
동백꽃을 보신 적이 있나요
눈물처럼 후두둑 지는 꽃말이에요
나를 두고 가시려는 님아
선운사 동백 꽃 숲으로 와요
떨어지는 꽃송이가 내맘처럼
하도 슬퍼서 당신은 그만 당신은 그만
못 떠나실 거예요
선운사에 가신 적이 있나요
눈물처럼 동백꽃 지는 그곳에 말이에요.

조영남의 「선운사」 노래 가사를 흥얼거리자니 바랑을 지고 떠나지 못하는 승려들처럼 그렇게 선운사 마당을 또 걷고 싶어진다.

비학골 봄소식

장독 뒤 앵두나무에 드디어 봄이 마실 나왔다.

겨우내 추위에 떨던 가지들이 약속이나 한 것처럼 꽃망울을 달고 있고, 어느새 순해진 햇살이 볼을 스친다.

난 이봄을 위해 해야 할 일들을 깨알같이 적어 놓았다. 화단엔 제일 먼저 채송화 씨를 뿌릴 테고, 뒤뜰엔 아욱이며 쑥갓을 골고루 심을 거라고. 그러나 아직까지 김장독도 꺼내 놓지 않을 만큼 게으름만 피웠다. 우사옆 양지쪽으로 길게 누워 새김질하는 소들의 모습이 나른하다.

무료해진 한낮에 방에만 있을게 아니라 냉이나 캐자고 호미를 들고 나섰다. 어느새 그을린 논둑 밑으로 어린 쑥이 고개를 내밀었다. 먼 산엔 잔설이 허옇고 들바람은 제법 차가운데 뿌리 실한 냉이를 캐니 코끝으로 봄 향기가 느껴진다.

아! 이 비학골 골짜기의 봄 오는 소리를 어떻게 쓸 수 있을까. 창 열고 소리를 볼 수도, 물 오른 살구나무에게 속삭일 수도 없는 이 향기들을! —비학골 봄소식

내가 밭둑에 앉아 콧노래를 부르니 전깃줄의 까치도 덩달아 흥겨운가 보다. 까치는 영리하기도 해서 계절을 미리 알고 집 짓기를 시작했다. 아침마다 '깍깍'거리며 부산을 떠는 터라 아이들이 늦잠을 못 잔다고 짜증이다. 신선한 아침을 열어주는 까치소리로 내 마음은 늘 평화로운데 말이다.

비학골 산자락에 터를 고를 땐 이런 즐거움까지 기대했었던가. 비가 오시는 날엔 물안개가 자욱이 산허리를 감고 있고, 적당히 몸을 푼 햇살이 퍼지면 알몸을 조심스레 드러내는 모습이 참 신비롭다. 날씨에 따라 그윽하게, 때론 정겹고 화사하게 내 곁에 다가서는 비학골 골짜기.

아침마다 숲속에 대장간을 연 것처럼 온갖 새들의 부지런함이 있고, 싸리꽃 향기가 부엌까지 스며들어 나는 또 작은 행복에 젖곤 한다.

이곳에 집을 짓던 그해 봄에 장날마다 찬거리는 뒤로하고 꽃나무만 사다 심은 것이 제법 울타리가 되었다. 앵두나무는 다닥다닥 수선스럽게 꽃을 피우고, 목련은 제멋에 겨워 우아한 자태를 뽐낸다. 배꽃은 또 어떤가. 은은한 달빛에 젖어 까닭 없는 눈물을 머금고 있고, 뒤뜰의 터줏대감 감나무는 꽃목걸이 하라고 제 살을 떨어트린다.

큰애가 초등학교 3학년 때 회초리만한 묘목을 심었는데 제법 우람하게 컸다. 큰애도 이젠 어깨가 벌어지고 콧수염이 거

못해졌으니 이곳 비학골 산자락에 터 골라 지은 작은 집에서 내 아이의 나이 수만큼이나 봄을 맞이했다.

그 화사한 봄의 향기에 취한 나날이 내 삶의 참 아름다움을 느끼게 한다. 오늘밤엔 인천에 있는 친구들에게 주절이 봄 이야길 편지로 할 것이다.

아! 이 비학골 골짜기의 봄 오는 소리를 어떻게 쓸 수 있을까. 창 열고 소리를 볼 수도, 물오른 살구나무에게 속삭일 수도 없는 이 향기들을!

숲속의 손님

어머머….

아침에 마당에 나서던 나는 우리 집 쥐꼬리만한 잔디밭을 보고 놀라움을 금치 못했다.

세상에, 저걸 잔디라고 깎다니. 지난번에도 엉터리로 잔디를 깎아서 겨우 참았는데 오늘은 더 심한 것 같았다. 들쭉날쭉 기계를 처음 다루는 솜씨였다. 이걸 어째. 내가 그래도 아침마다 풀 뽑고 바라보면서 애지중지하는데.

엊그제 경주 오릉의 잘 손질된 잔디를 보고 온 터라 더 그랬다. 방으로 들어가 가위를 가지고 나와서 키가 맞지 않는 풀들을 자르고 있으려니 남편은 자기가 한 것이 아니라 앞집 총각이 벌초하고 내려가다가 도와준 거란다. 그래도 구시렁거리며 가위질을 하고 있으니까 한 3일 지나면 괜찮다며 딴청이다.

손바닥만한 것도 풀밭이라고 거기엔 방아깨비며 없는 곤충이 없다. 그리고 날마다 우리 집에 사는 도둑고양이가 밤사이 실례하기 안성맞춤인 곳이다. 그래서 아침이면 도망도 가지 않고 슬슬 내 곁을 맴도는 고양이를 야단을 치며 배설물을 치우는 게 일과의 시작이다.

그것은 산골에 사는 동물 가족의 일부이고 우리 주방 레인지 연통엔 이름도 모르는 새가 둥지를 틀었다. 급기야 그곳에서 새끼까지 치기 시작해서 난 여름 내내 환풍기를 돌리지도 못하고 새끼새가 놀랄까봐 조심조심 요리를 해야 했다. 새들이 부지런한 것은 알지만 어찌나 어미 새를 반기는지 그 소리가 예뻐서 모두들 까치발로 거실을 들락거렸다.

한동안 새 소리가 멈춘 걸 확인하고 엊그제 레인지랑 연통까지 교체작업을 했다. 산속에 아님 나뭇가지에 둥지를 틀 수도 있었을 텐데 그 위험한 연통에서 알을 부화시키다니 이해가 가지 않았다. 그래도 안심하고 새끼를 키워준 것이 고마워서 우린 내내 그 새를 궁금해 했는데 인사도 없이 가버리니 한편으론 서운한 맘이 들었다.

새뿐 아니다.

세탁기가 놓인 뒤뜰엔 어마 어마한 벌집이 있는 것도 모르고 날마다 빨래를 하며 살았는데 그 벌집을 보는 순간 숨이 멈출 만큼 놀라웠다. 벌집은 수박통만 했고 그 주위엔 아기 손가락만한 큰 벌들이 수없이 진을 치고 있었다. 벌집 모양도 신기하게 나뭇가지 색을 띠고 있었다. 갑자기 소름이 끼치며 기운이 쫙 빠지는 듯했다. 내 호들갑에 남편이 모기약 하나면 해결되는 것이라고 아무렇지도 않게 말한다. 정말 모기약 하나로 저걸 다 몰살시켜야 하는지 그냥 저절로 이사 가길 바라야 하는지….

벌뿐이면 그래도 봐줄 만한데 언젠가 뱀 한마리가 뜰로 기어와서 난 맨발로 줄행랑을 쳤고, 마침 비학골에서 오던 지갑이 형님이 내 몰골을 보고는 쫓아왔다. 그놈이 어디로 도망도 가지 않고 그 자리에 맴돌아서 난 마당에서 사색이 되어 펄펄 뛰고 지갑이 형님은 조용히 좀 하라고 느긋하고…. 기절할 만큼 담력이 약한 게 문제였다. 우리가 좋다고 스스로 찾아오는 자연의 식구들을 어쩌란 말인가. 암벽을 기어오르는 사마귀도 무서운데 뱀이 나타났으니 두고두고 뜰에 나설 때마다 제풀에 놀라 기절할 판이었다.

올 여름을 간이 콩알만 하게 지냈는데 아직도 끝나지 않은 숲속의 손님들 방문을 반겨야할까 쫓아야할까 그것이 화두로 떠오르는 9월의 아침이다.

여름날 삽화

뜰 앞의 자귀나무에서 향긋한 바람이 인다.

해거름, 그 나무 밑에 서면 은은하고도 매혹적인 향기에 취해 마음이 설레게 되는데 연분홍색 꽃등이 나무를 온몸으로 감싸며 피어나 한 마리의 공작새 같기도 하고 선녀의 하늘거리는 날개옷 같기도 하다. 그 꽃이 피면 우리 집 뜰이 한층 고즈넉해지고 한없이 우아해지는 느낌이 들곤 한다. 자귀나무 잎은 한낮에 피었다가 저녁이면 다소곳이 하나가 되어 뜰 안에 자귀나무가 있는 집은 부부 금슬이 좋다는 옛말도 있다.

내리쬐는 폭염을 피해 어머님이 호두나무 그늘에서 참깨를 털고 있다. 올봄 극심한 가뭄에 수없이 물을 퍼주었어도 목말라 하던 참깨가 열매를 맺은 것이다. 막대기로 툭툭 칠 때마다 하얗고 조그만 알갱이가 우수수 여름을 쏟아 놓는다. 한 알의

밀알이 썩어지면 30배 60배 100배의 열매가 맺힌다더니 참깨는 도무지 몇 배나 되는 건지. 그 흐뭇함에 어머님은 바쁘기만 한데 창고 뒤에서 암탉의 숨 가쁜 소리가 들리고 뒤이어 우리 집 똘똘이의 입에 축 처진 닭이 매달려있다. 세상에! 기어코 알 잘 낳는 암탉까지 물어 죽인 것이다. 지난번에 수탉이 당하고 외로이 마당을 휘젓고 다녔는데 이젠 알 낳은 후에 꼬꼬댁 거리는 경쾌한 소리마저 듣지 못하게 되었다.

그러고 보니 우리 집은 닭과 인연이 없는 것 같다. 내가 결혼하던 이른 봄에도 노란 병아리를 샀었다. 봄을 다 사온 듯 철없는 새댁은 앙증맞은 병아리가 귀여웠지만, 어머님은 채마밭을 버르집어 놓는다고 달가워 않으셨다. 친구네 농장에서 토종닭 병아리 한 쌍을 얻어다 기른 것인데 결국 꿩알만한 초란 몇 번 낳은 후 이렇게 힘없이 죽은 것이다.

한낮 동안 달궈진 울타리 모과나무에 연녹색 모과가 주먹만 해지고, 나무 옆으로 붉은 칸나꽃이 키재기를 하고 있다. 봄비 오던 날 이식한 후로 거름 한 번, 물 한 번 주지 않았어도 저 홀로 피었다가 지며 여름 뜰을 수놓고 있는 꽃들이 참 곱다.

햇살에 온몸을 내맡긴 붉은 고추는 벌써 몇 번을 소독하고도 아직도 손 갈 일이 많은데….

이글거리던 태양이 비학골 골짜기로 기울면 어머님은 참깨 베고 난 헛골에 들깨 모종을 하실 것이다. 몇 가닥씩 키 맞춰

들깨 모를 고랑에 놓아 드리며 저녁 찬거리는 호박순 찌고 가지나물 볶을 거라고 말씀드려야지.

가을은 아직도 먼 것 같은데, 어느새 기장은 열매가 무거워 고개를 숙이고 아직 여물지 않은 낟알 위로 참새 떼들이 몰려 앉는다. 손사래를 하며 새들을 쫓아보지만 올해도 기장은 쭉정이 반 알곡 반 타작을 할 모양이다.

여름 숲의 매미소리가 점점 크게 마당으로 퍼지고 시원한 소나기 한 줄금 내렸으면 좋겠단 생각에 목이 마르는 그런 하루다.

연애편지 다시 읽기

가로수의 은행나무가 샛노랗게 늦가을을 수놓는 11월이다.

여름날의 싱그러움과는 달리 가을이 주는 풍요함은 이맘때라야 느낄 수 있듯이 결혼의 계절이기도 하다.

나도 11월에 신부가 되었다.

산골생활에 그날이 그날 같지만 무언가에 의미를 부여한 기념일이 다가오면 나이를 잊은 채 막연히 그날을 기다려본다. 행여 꽃 한 송이나 시집이라도 한 권 준다면 얼마나 가슴 뭉클할까 김칫국부터 마시며 말이다. 처음엔 우리도 이렇게 무덤덤하진 않았다. 시간이 흐르고 기념일 횟수가 많아지면서 이맘때가 기념일이지 하고 지나가면 그뿐이었다.

큰아이가 나를 놀릴 때면 하는 말이 있는데 엄마는 분명히 시골 다방에서 아빠랑 선을 봤을 거란다. 내가 피식 피식 웃기만 하면 날 아주 산골댁 취급을 하곤 했다. 적어도 난 선보고 결혼할 정도로 사랑도 못해 본 사람은 아니라고 대답해 보지만 선 봤다고 사랑을 안 한 건 아닐 건데 뜬금없이 녀석이 맞선 타령을 하며 내 구시대적 생각을 제지하려 한다.

맞선도 나름대로 고전적인 교제방법이고 예전의 연애편지 시대도 얼마나 아름다운지 아들이 알 수 있을까. 연애편지라는 말까지도 그렇게 떨리고 이상하게 들리던 때 무슨 잘못이라도 저지르는 듯 꼭꼭 숨겼었다. 마음은 왜 그리 설레었는지, 밤새워 편지를 써서 보내고 답장이 오기를 몇 날 며칠 기다리는 애틋함 같은 거 그런 순수한 사랑을 짐작해 볼 수 있을까.

남편이랑 나는 연애편지로 사랑을 키운 사이다.

그의 첫 번째 편지엔 뒷밭에 사과나무를 20주 심었다는 말과 그 나무 자라 사과 익을 때 풍경을 나름대로 적어 보냈는데 얼마나 멋지고 시인처럼 보이던지. 그때부터 좋은 느낌을 가졌던 것 같다.

수없이 편지를 주고받았으나 그 흔한 사랑이란 말은 못해 봤다. 아니 우린 사랑이란 말이 너무 크고 소중해서 하지 못했던 걸로 기억한다. 결혼 무렵 '보고 싶은 이에게'란 첫 구절이 사랑이란 말보다도 가슴 설레게 다가왔으니 천생연분이랄까.

그렇게 애틋한 사랑을 나누며 결혼했는데 마치 오래된 영화 한 편 기억하는 것보다도 못한 대화를 할 때가 종종 있다.

'사랑을 하긴 했었나. 우리가 정신이 온전하지 않았으니까 결혼했지'라며 우스갯말을 할 땐 세상사 득도한 도인 같은 느낌도 받으며 말이다.

가끔 연애편지 주고받던 때를 떠올려보면 아득한 세월 어딘가에 우리의 순수한 사랑을 잊어버리고 온 듯한 허전한 맘이 든다. 아무것도 없어도 같이만 있으면 행복하던 신혼 시절을 회복하려면 빛바랜 연애편지를 다시 꺼내보아야 하겠다. 아니 '보고 싶은 이에게'란 첫 마디로 출장 간 그이에게 연애편지를 써 보면 어떨까.

궁상맞은 생각의 실타래를 감았다 풀었다 해보는 아침이다

설악에서

I.

가을걷이 끝나자 지난여름 청천 뒤뜰에서의 약속날짜가 다가왔다.

하필이면 추수감사 주일이라 아예 포기하고 있으려니 남편의 눈치가 심상찮다. 늘 내 계획은 빗나가기만 하고 단풍도 없고 꽃도 없는 황량한 겨울을 보러 이제 여행을 가잔단다.

9명이 부부동반으로 시간을 맞추기가 어려운 거 알고 있지만 난 영 마뜩찮았다.

남자들이야 추억도 많고 옛이야기 떠올리며 시간이 부족할 테지만 들러리 우리 여자들은 그 시간에 무얼 하란 말인가.

명분은 이랬다. 남편들의 초등학교 친구들로 한 마을에서 자란 죽마고우이고 20여 년 가까이 여름과 겨울에 정기 모임이 있던 터에 이번엔 아예 멀리 여행을 가자는 여름날의 의견들이 그냥 실행에 옮겨진 것이다.

내 입장이 곤란에 빠졌다.

즐거운 여행 날짜가 다가오며 우린 보이지 않는 갈등으로 눈매가 곱지 않았다.

뻔한 결말 아닌가. 결국 내편에서 꼬리를 내리며 터덜터덜 남편의 뒤꽁무니를 따라 나서니 서울서, 대전서 모두들 새벽에 떠났는지 증평 군청 앞에 와 있었다. 개인택시를 하는 친구 하나는 밤일을 하고 그냥 내려온 거라 했다.

아무튼 첫 인사부터가 재미있다. 부인들의 호칭을 모두 남편의 이름을 붙여 누구누구 엄마라 통일했다. 내게도 처음 들어보는 남편의 엄마란 이름이 주어졌고.

천천히 국도를 타고 포항까지 가서 다시 동해를 끼고 설악으로 가는 일정이었다. 서둘 것 없이 긴 시간을 살아온 이야기로, 아이들 이야기로 그리고 어린 시절의 추억들을 꺼내 놓으며 그렇게 여행이 시작되었다.

삭막한 겨울의 도심을 지나며 새로울 것도 경이로움도 없이 차가 가는 대로 맡겨진 여행이고 난 갈등을 안고 떠난 나들이라 가슴 한 쪽이 무거웠다.

II.

설악에 밤이 찾아왔다.

아니 어둠이 내린 설악에 우리가 도착한 거였다.

자동차 불빛으로 언뜻언뜻 보이는 계곡의 울창한 숲이 끝없이 이어지며 거대한 짐승처럼 우릴 향해 달려오는 듯했다.

새벽부터 차에 시달린 우리는 세상에서 가장 편한 자세로 밤을 맞고 있었다. 40대를 훌쩍 넘겨 적당히 굵어진 허리와 나잇살은 있으나 마음만은 소녀 같은 청순함으로 이야기꽃을 피우고 있었다.

엊그제 결혼한 것 같은데 벌써 아이들이 군에도 가고 남편들의 귀밑머리는 희끗희끗해지고 마치 시간을 도둑맞은 것 같다는 생각이 들었다.

점촌에 사는 친구들은 수박농사를 하는 터라 비닐하우스에서 여름과 가을을 산다. 초겨울이라야 마음 놓고 나들이를 한다는 이유로 아마 늦은 일정이 잡힌 모양이다. 햇살에 그을린 얼굴과 거칠어진 손발이 늘 흙 일구며 사는 삶을 말해 주고 있다. 들로 산으로 분주히 일하는 농촌 아낙이 어디 시간이 있어 호강에 겨운 얼굴 마사지를 할 것이며 몸매 관리해 주는 운동을 할 수 있단 말인가. 도시에 사는 친구부인들의 고운 손을 보며 상대적으로 서글퍼지기도 했지만 하나님은 공평하셔서 씨앗을 뿌리며 생명을 가꾸는 보람과 그것으로 건강한 식탁을 차리는 행복을 주시지 않았는가 하여 투박한 손이 부끄럽지 않았다.

동동거리며 살아도 빠듯한 생활에 이런 여유와 느슨함이 때론 사치처럼 생각되기도 했다. 그러나 소중한 사람들과의 추억 한 자락은 두고두고 행복할 테니 이런 사치쯤은 가끔 누려도 좋으리.

청량한 아침 공기를 마시며 산행에 오른 친구들의 얼굴에서 평화로움과 여유가 묻어난다.

전날까지도 스스로 맘을 옥죄었던 나는 말로 표현할 수 없을 만큼 오묘한 설악의 풍경에 그저 묵묵히 조물주의 위대함을 찬양하지 않을 수 없었다.

깊은 계곡 바위마다 지난여름 장마의 흔적이 남아 있어 무섭게 내리 달리던 물살이 느껴졌다. 수십 년은 됨직한 나무도 뿌리째 뽑혀 계곡에 걸쳐있으나 숲은 다시 고요함 속에 말이 없다.

케이블카가 땀 흘리지 않아도 산중턱까지 바래다주어 산행의 목적이 아닌 사람에게는 참 편리한 도구겠지만, 나는 매번 덩치 큰 쇳덩이가 영 맘에 들지 않는다.

동해안 해안도로를 타고 설악까지 거꾸로 달려온 여행인데 정작 목적지는 설악이 아니라 그냥 여정이었던 것이다. 오랜 시간 동심으로 돌아간 남편들을 좁은 공간에서 함께 대하며 지내보니 천진난만한 모습들도 새롭게 보게 되었다.

세상살이가 그리 녹록치 않고 사고나 건강의 이유로 유명을 달리한 친구들도 많지만 현재 모인 점우회 회원들은 그래도 우직하고 고집스럽게 자신의 일을 사랑하고 열정이 있어 참 고맙다. 오래도록 이런 우정을 간직하고 천둥벌거숭이 적 기억 하나로 행복해 하는 모습을 보며 나도 그리운 고향의 친구들 이름을 헤아려 보았다.

지금은 다들 어디에 있을까?

설악산에 또 발도장만 찍고 오게 되어 아쉽지만, 어떠랴. 두고두고 조금씩 아껴보며 사랑하는 산이면 그뿐이지.

내 그리움의 가을설악을 약속하고 증평으로 향하는 버스는 서서히 계곡을 벗어나고 있었다.

외가 만들기

내가 다니는 길 위로 기차가 다닌다.

가을로 접어들면서 꿈길처럼 가끔 기차가 지나는 모습과 마주치게 되면 어디론가 훌쩍 떠나고 싶다는 아련한 그리움을 느끼게 된다.

기차가 지나는 모습을 보는 것과 기차를 타고 느끼는 풍경이 사뭇 다르지만 사람들은 대부분 기차를 보면 막연히 여행을 떠올린다.

내가 어렸을 때도 방학만 하면 엄마와 외가에 가기 위해 기차를 탔었다.

이천의 유산리역에서 기차를 타면 수원을 거쳐 동인천까지 경인선 열차를 하루종일 타고 가도 지루하지 않은 것은 산골마을을 벗어나 엄마와 함께 나들이를 하기 때문이었다.

이다음 내 아이들의 아이들이 커서
우리 집을 찾을 때 어떤 할머니가
되어 있어야 하나.
—외가 만들기

이모가 촌놈이라고 놀리긴 했지만 외가에 한 번 다녀오면, 내 모습은 서울내기로 변해 있었다. 엉덩이까지 길게 땋고 다니던 머리를 자르고 예쁜 원피스를 입은 모습은 내가 봐도 생판 다른 공주님처럼 보였으니까.

엄마가 우릴 데리고 친정나들이를 하셨듯이 이젠 내가 다 큰 아이들을 태우고 친정엘 간다.

녀석들이 어렸을 땐 나들이도 얼마나 힘이 들던지. 그래도 갈 수만 있다면 좋으련만 연년생 아이들 데리고 겨우 1년에 한두 번 친정 가는 것에 늘 목말라 했다.

작은아이는 등에 업고 두 돌도 안된 큰애의 손을 잡고, 기저귀 가방을 들고 그렇게 세 번이나 갈아타는 직행 버스를 타고 친정엘 갔다. 지루한 버스에서 한 녀석이 울기도 하고 한 녀석은 세상 모르게 자고 있고, 버스를 갈아탈 때마다 잠속에 빠져 흐느적거리는 큰애를 억지로 깨워 세우고….

그렇게 하루 종일 파김치가 되어 친정에 가면 낯선 분위기에 큰놈은 아빠한테 가자고 울고 작은놈은 화장실도 못 가게 내 치맛자락을 붙잡고 낯가림을 했다.

그러나 나는 내가 태어나고 자란 곳이라 그런지 맘이 편해서인지, 쏟아지는 잠 때문에 밤낮 없이 자고 또 잤다. 얼마나 힘들면 잠만 자느냐고 아버진 잠든 내 머리맡에서 엄마한테 속삭이셨단다. 엄마는 한 시간이라도 편하게 자라고 슬그머니 한 놈 등에 업고 한 놈 걸리고 마을을 몇 바퀴 돌아오셨다. 엄마한텐 나도 아이로 보이는데 아이 둘 딸린 어린 딸로 인해 속이 타신다며 애를 끓였다.

내 아이들은 외가에 대한 특별한 기억이 없는 듯하다. 산골에서 나고 자란 터라 별반 다를 것 없는 환경 때문인데, 유독 할아버지의 사랑이 지극했던 것은 지금도 변함없이 이어지니 기억하리라.

이다음 내 아이들의 아이들이 커서 우리 집을 찾을 땐 난 어떤 할머니가 되어있어야 하나. 내가 결혼해 처음 심은 감나무에 대해 말해줄까. 마당 가득한 독들의 속삭임도 들려줘야지. 평상에 앉아 친정엄마가 그랬듯이 봉숭아물을 들여 주며 할머니의 어머니 이야길 들려줄까.

마당가 잔디에서 사는 방아깨비도 보여주고, 울타리에 심은 호두나무며 모과나무의 가을열매를 보여주리라. 꼬물꼬물 자라는 날 닮은 아이들에게 한없는 애정을 쏟으며 늙어갈 테지.

머지않은 장래의 일들이 꼬리를 길게 물고 달리는 기차를 볼 때마다 영상처럼 밀려와서 난 행복한 외가 만들기를 준비하고 있다. 어느새.

우리가 오르지 못할 산은 없다

'절벽 가까이로 나를 부르셔서 다가갔습니다. 절벽 끝에 더 가까이 오라고 하셔서 더 다가갔습니다. 그랬더니 절벽에 겨우 발을 붙이고 서 있는 나를 절벽 아래로 밀어버리시는 것이었습니다. 물론 나는 그 절벽 아래로 떨어졌습니다. 그런데 나는 그때까지 내가 날 수 있다는 사실을 몰랐습니다.'

로버트 슐러 박사의 기도문인 이 글은 내가 즐겨 암송하는 구절이다. 내가 날 수 있다는 한마디가 얼마나 멋지고 매력적인지 외울 때마다 힘이 솟는 것 같다.

저무는 한 해를 돌아보며 강영우 박사가 지은 『우리가 오르지 못할 산은 없다』란 책을 다시 읽고 있다. '실명과 가난으로 인해 낮고 낮은 바닥에서 탄식할 때도 있었으나 고난은 도전의 기회였으며 성공의 초석이었다'라고 말하는 이 책은 제목부터 단번에 글 속으로 빠져 버리게 한다. 혼자 감내하기엔 역부족인 상황에 처한 이에게 얼마나 용기 있는 말인가. 고난과 역경은 우리의 관점에 따라 기회도 되고 축복도 될 수 있단다.

새해를 맞을 땐 설렘과 당찬 계획을 갖고 출발했으나 이제 송년을 맞는 지금 와서 보면 어느 것도 이룬 것이 없는 것 같아 공연히 쓸쓸함만 더해지곤 한다. 또 한 해가 이렇게 말없이 가고 난 늘 제자리에 서 있는 것 같아 조바심마저 일 때가 이즘이다.

이 책에서 저자는 역경을 도전의 기회로 삼고 인생의 장기적인 목적을 설정하고 자신의 존재가치를 발견하라고 말한다. 그는 장애에도 불구하고가 아니라 장애를 통하여 승리했다고 자신 있게 말한다.

로만V 필이 지은 『적극적 사고방식』에 보면 이런 상담이 나온다. 모든 것을 잃었다는 한사람이 저자를 찾아왔을 때 평생 쌓아온 모든 것이 사라져서 아무것도 남은 것이 없다고 했다. 그는 몸과 마음이 극도의 실망과 좌절에 빠져 모든 것이 끝났다고 말했다. 게다가 다시 출발하기에는 나이가 너무 많아 신념도 없다는 것이다. 저자는 그에게 남아 있는 것 중에서 가치 있는 것을 적어 보라고 한다. 잃은 것 말고 내게 있는 것이 무엇인가 적어보란 말에 아무것도 없다던 그에게 사랑하는 아내가 있었고, 아버지를 따르는 자녀들이 있고 그리고 친구들이 있었다. 그렇게 적어 보니 그에겐 소중한 것이 많이 남아 있다는 것을 알게 되었다.

우리가 살아가는 동안 정작 귀한 것의 가치를 잊어버리고 너무 물질에 집착하지는 않았나 하는 생각이 든다. 비록 이룬 것이 없는 것 같으나 건강한 가족이 있고 열심히 맡은바 일에 최선을 다해 살아왔으니 감사로 한 해를 마무리해야 하잖는가. '우리가 오르지 못할 산은 없다' 이 말이 신년을 준비하는 내게 커다란 희망으로 다가온다.

장수 아저씨

아침에 눈을 뜨니 창밖이 환하다.

밤사이 함박눈이 소리도 없이 내려 장독대는 물론 뜰까지 흰 눈 속에 푹 잠겨 고요하게 아침을 맞고 있다.

눈이 부셨다.

무게를 이기지 못한 여린 배나무 가지가 힘겹게 팔을 벌리고 있고, 아무도 밟지 않은 마당가로 슬리퍼를 신고 나서니 눈송이가 한 움큼 신발 속으로 들어오며 소름이 돋는다.

사람이 겨우 다닐 수 있도록 싸리비로 마당을 쓸고 들어오는데 이장님이 방송으로 긴급 마을 회의를 알리고 있다.

무슨 급한 일이라도 있는 모양이다. 진돗개 똘똘이의 밥그릇 주변으로 까치 무리가 어지럽게 발자국을 내고 사라졌다. 먹을 것이 없는 겨울에 흔히 있는 일이지만 이렇게 자취를 남기는 것은 눈 온 다음날뿐이다.

눈 녹을 때까지 나는 이제 산골에 갇힌 셈이다. 우리 집 쪽은 산그늘이 길어서 눈이 잘 녹지 않는다. 대충 아침 청소를 마치고 방바닥에 엎드려 책 몇 권 뒤적이는데 경로당 가신다던 어머님이 그냥 오시면서 장수 영감이 죽었다는 것이다.

함박눈이 내리던 어젯밤에 아저씨 혼자서 먼 길을 가셨다고? 그 말을 듣는 순간 가슴 한 쪽에서 휑하니 바람 소리가 나는 것 같았다.

우린 그분을 딱히 불러드릴 호칭이 없어 그냥 장수 아저씨라고 불렀다.

이름이 장수이기도 하지만 아내도, 자녀도 없는 그분을 마을에서도 그렇게 불렀기 때문이다.

그분이 우리 마을에 오신 지는 꽤 오래 되었다. 별로 왕래가 없이 지냈는데 3, 4년 전부터 우리 집 일을 거들어 주시면서 한 식구처럼 지내게 되었다.

눈썰미가 있는 아저씨는 마치 내 집을 다독이듯 여기 저기 손을 보아 주셨다. 자귀나무 밑에 평상도 두 개나 만들어서 페인트칠까지 해주신 것이다. 그뿐이랴 겨울 김치광도, 그리고 잘 마른 곶감까지 그분의 손이 안간 데가 없다. 키만 훤칠하게 큰 우리 아이들을 얼마나 예뻐해 주셨는지, 장수 아저씨 돌아가신 다음날 고등학생인 큰아들은 자다가 말고 무섭다며 우리 방으로 뛰어 들어왔다. 아저씨를 많이 좋아했는데 아마도 정을 떼는 것 같아 큰애를 한 이불 속에 재웠다. 녀석과 같이 자는 것이 초등학교 입학한 후로 처음인 것 같아 넓은 아들의 등을 다독여 주었다.

살아계실 때도 외로웠는데 돌아가시는 날엔 소리 없는 눈이 소복이 길을 밝혀 주었나 보다. 나그네 같은 인생길을 훌훌 접고 사그라지는 촛불처럼 그렇게 야위시더니.

낼 아침이면 장례식장에서 곧바로 화장터로 가신단다. 피붙이 하나 없는 홀홀단신의 몸으로 떠나신 것이 못내 가슴이 아프다.

삶이란 게 겨우 한 움큼의 재로 남아 훨훨 뿌려지면 그만이란 생각에 일이 손에 잡히지 않는다.

살아 있는 것을, 건강한 것을 그저 감사해야 하는 건지 떠난 자와 남은 자의 사이엔 끈끈했던 정만 있는 건지.

쓰레기통을 들고 나서는데 아저씨의 목소리가 들리는 듯하다.

"내비둬, 내가 이따 불 태울게."

개구쟁이의 하루

아침에 참깨를 볶으려고 작은 체를 찾으니 영 눈에 띄질 않는다. 혹시나 하고 6살짜리 큰아이에게 물으니 고기 잡으러 가지고 갔다가 잊어버렸단다.

망치 같은 연장 외에 이 녀석들의 손이 타는 게 이젠 싱크대 속에도 있나 싶다.

어제 콜라병에 담아온 피라미는 앞개울에서 작은 체로 잡은 것이란다. 개울에 가면 깨진 유리에 발을 베일지도 모른다고 타일러도 작은 고기에만 관심이 있다.

며칠 전엔 아이들이 하루 종일 보이지 않아서 얼마나 찾으러 다녔는지 모른다. 가슴이 철렁 내려앉을 무렵 논둑길로 한 무리의 아이들이 진달래를 움켜쥔 채 오는 거였다. 큰아이가 멀리서 날 알아보고는 반갑다고 엄마를 소리쳐 부른다. 꽃 꺾으러 산엘 갔었다며 활짝 핀 진달래를 내게 준다. 야단치려고 벼르던 마음이 슬그머니 사라졌다.

얼굴이 땀과 먼지로 뒤범벅이 된 5살짜리 둘째를 등에 업고 다신 산에 가지 말라고 겁까지 주었다. 선주 할머니 산소에 절을 했다는 큰녀석의 말은 키들키들 웃음까지 나오게 했다. 명절에 제 아빠 따라가서 절을 한 것 때문일거다. 아무 산소에나 절을 했을 녀석의 행동이 밉지 않았다.

큰애는 요즘 숫자를 배워서 달력의 수 읽기에 관심이 많다. 제 이름과 겨우 기역, 니은을 간신히 그릴 줄 아는 것이 우리 집 가정학습의 전부다. 제 또래의 다른 아이들은 동화책을 읽고 신문에서 텔레비전 프로를 찾는다고 한다. 하지만 난 무슨 배짱으로 마냥 놀게 놔두는 것을 자랑으로 알고 있으니 주변의 친구들로부터 핀잔을 사는 일이 많다.

아이들은 그래서인지 장난이 심하고 엉뚱한 일들을 많이 하며 논다. 요즘 들어 부쩍 쥐들이 소 사료 부대를 뚫어 놓기에 쥐약을 놓았다. 마침 약을 먹은 듯한 쥐 한 마리가 마당가에서 비실비실 하니까 녀석들이 호들갑을 떨면서 말했다.

"엄마 예쁜 쥐가 죽으려고 해요. 불쌍해."

예쁜 쥐란 말에 TV 동화에서 본 쥐돌이를 말하는 것 같아서 설명하기가 곤란해졌다.

올봄에 제 형을 따라 병설 유치원에 입학한 둘째는 어느 날

철봉놀이를 하다가 떨어졌다. 병원에서 X레이 사진을 찍고 결과를 기다리는데 막무가내로 울던 녀석이 갑자기 울음을 뚝 그치고 운동화를 찾는다. 어제 제 아빠가 사다준 새 운동화를 사진 실에 벗어놓은 생각이 났던가 보다. 결국 골절로 입원을 하게 되었다.

퉁퉁 부은 다리 때문에 밤새 울며 보채서 모두들 뜬눈으로 새웠다. 녀석의 그칠 줄 모르는 울음 때문에 원장선생님이 새벽에 들어오셨다.

"임마 고만 좀 울어라. 잠 좀 자자."

원장선생님의 말씀이 끝나기 무섭게 녀석이 울먹이는 소리로 말했다.

"임마 임마 하지마. 입맛 떨어져요."

순간 병실은 와~ 하고 웃음바다가 되었고 그 말이 유치원 아이들의 유행어인지 모르고 버릇없는 아이라 여길까 싶어 나만 얼굴이 빨개졌었다.

동생의 입원으로 겨우 한 살 위인 말썽꾸러기 형은 풀이 죽어 있었다. 평소의 욕심은 어데 가고 동생을 위해 과자의 몫을 나눠놓고 빨리 낫게 해달라고 기도도 잊지 않았다.

하루 종일 흙강아지처럼 뛰어 놀다가도 저녁이면 TV만화 영화 보느라 얌전해진다. 짓궂은 녀석들 때문에 고물이 되어버린 텔레비전 화면이 흐려지면 몇 번씩 날 불러 잘나오게 해달라고 주문이다.

온종일 지치지도 않았는지 잘 때까지도 예외 없이 자리다툼으로 소란을 피운다.

큰놈은 엄마 뒤에, 작은놈은 엄마 앞에. 젖을 제대로 못 먹은 큰애의 잠버릇이 엄마 등에 손을 넣고 젖 먹는 시늉을 하며 자는 것인데 그래도 쉽게 잠이 들지 않으면 다시 일어나 온방을 뛰며 정신없게 한다.

그럴 때면 난 누운 채 작은 소리로 옛날이야기를 시작하는 것이다. 그러면 녀석들이 슬그머니 제자리에 눕고 귀를 세운다.

대개는 몇 번씩 들려준 이야기들이라 앞, 뒤를 꾸며 새로 지어 들려주는데 오늘은 성경의 「아담과 이브」 이야길 시작했다.

"에덴동산에 '선악과'라는 커다란 사과나무가 있었어요. 하나님이 다른 것은 다 먹어도 된다고 하셨는데 선악과는 따먹지 말라고 했어요. 먹으면 죽는다고 하셨거든요."

그때 재빨리 큰 녀석이 끼어들었다.

"응 난 안다."

"무얼?" 내가 물었다.

"사과에 누가 몰래 농약을 뿌렸지? 그렇지?"

아이고, 큰애의 앞지른 상상력에 난 그만 손을 들고 웃어 버리니 제 말이 맞다며 녀석들이 같이 까르륵거린다.

오늘밤도 일찍 재우긴 다 틀린 모양이다.

4.

가을이 익어가면

이발소 풍경

거리의 가로수가 하나, 둘, 잎새를 떨구기 시작했다.

초겨울의 스산한 바람이 추수를 끝낸 들녘의 볏짚가리를 훑고 지나간다.

산자락에 있는 집을 나서는 일은 언제나 번거롭다. 눈만 뜨면 보이는 산과 나무들 말고 흥미로운 볼거리로 아이들이 천방지축이기 때문이다. 오늘은 아이들 머리도 깎아줄 겸 일부러 데리고 시내에 나왔는데 미장원이 하필이면 모두 휴일이다. 사내 녀석들이라도 늘 미장원에서 머리를 깎았는데 이발소를 찾으니 의외로 눈에 띄질 않는다. 시장모퉁이를 돌아서야 겨우 이발소를 찾아 아이들을 앞세우고 들어서긴 했지만 미장원과는 다른 분위기라서 여간 어색한 게 아니었다.

긴 나무의자에 앉아서 얌전히 기다리던 아이들이 지루했는지 번갈아 가며 수선을 피우기 시작했다. 녀석들 눈에야 신기한 것 밖에 없으니 얼마나 궁금할까. 빈 의자에 올라앉아 뱅뱅 돌기도 하고 얼굴에 거품을 잔뜩 바른 아저씨가 우스워 죽겠다고 킬킬대고, 주인아저씨의 '착하지' 소리를 뒷전으로 흘리며 조용하던 이발소를 번거롭게 만들고 있었다. 녀석들을 붙잡고 앉아 실내를 둘러보려니 어디인가 모르게 이 집이 낯설지 않은 느낌이다.

벽에 걸린 눈 익은 액자며 거울에 그려진 헤엄치는 잉어 두 마리, 머리를 감겨줄 때 쓰는 작은 조로. 아 맞다. 내가 아주 어렸을 때 면사무소가 있던 단월리 이발소가 꼭 이랬다.

1년에 한두 번 할아버지의 자전거에 실려 단월리 이발소를 간 적이 있었다. 두렘물 고개를 넘어 신작로를 달릴 때 키 큰 미루나무가 팔을 흔들고, 전깃줄에 앉았던 제비들이 모두들 '단월리 가니?'라고 물었지. 자전거포집 앞엔 언제나 많은 자전거가 서 있었어. 바람결에 시큼한 막걸리 냄새가 나는 양조장도 지났지. 양조장 굴뚝에선 시커먼 연기가 솟았는데 술밥을 찌는 거라고 할아버지가 가르쳐 주셨어. 구판장을 지나 이발소에 다다르면 할아버지 친구들이 약속처럼 많이 계셨지. 내게 흰 보자기를 목에 둘러놓고도 어른이 오시면 먼저 깎아 드렸던 다리 절던 이발소 아저씨의 얼굴이 어슴푸레 기억날 듯하다.

의사 선생님처럼 흰옷을 입고 가죽끈에다 면도하는 칼을 슥 슥 문지를 때면 소름이 돋곤 했는데 그때 남동생이랑 지금처럼 긴 나무 의자에 올라서서 창문으로 하늘의 구름을 보곤 했었어. 한쪽 벽에 걸려있는 엄마 돼지와 아기 돼지를 세어보면 꼭 13마리이었던 걸 기억하는데, 오늘 그때 보았던 새끼 돼지 그림이 정겨운 모습으로 빛바랜 채 걸려있고, 골동품 같은 등받이 의자가 전혀 불편 없이 사용되고 있는 이발소에 내가 앉아있다.

이발소를 개업한 이래 줄곧 이곳에서 사셨다니 정년을 훨씬 넘기셨을 아저씨는 이제 소일거리로 일을 하신다고 했다.

하루가 다르게 변화하는 소도시에서 현대식 미장원에 밀려 점점 설자리를 잃어가는 이발소에 애틋한 정감이 느껴진다. 외국에서는 몇 대째 가업을 이어 일하는 것을 자랑스럽게 여기며 선대들이 쓰던 자질구레한 일상용품까지 소중히 사용한다는데 우린 너무 쉽게 소중한 것에 대한 가치를 모르고 살았다는 생각이 들었다.

옛것에 담긴 어른들의 애환이나 지혜는 생각할 틈도 없이 소비에 편승해 살아 쓸 만한 물건임에도 버리기에 주저하지 않았잖은가.

추억이 되살아나는 오래된 이발소에 손님들이 많아지길 기원하며 문을 나서니 초겨울 짧은 해가 붉은 물감을 들이기 시작한다.

입 덧

동장군의 심술로 며칠씩이나 혹독하게 한파가 몰아친 날이었다.

문고리에 젖은 손을 대기만 해도 쩍 하고 달라붙는 저녁에 설거지를 마치고 무심히 텔레비전 채널을 돌리다 보니 한여름의 풍경이 펼쳐지는 화면이 나오고 있었다. TV문학관이란 단막극인걸로 기억하는데 아주 깊은 산 속에 외롭게 혼자 사는 노인과 우편배달부의 이야기를 담담히 그리는 내용이었다.

아무도 오지 않는 외딴 산 속에 간간이 우체부 아저씨가 오신다. 아저씨는 추레하게 늙은 노인에게 아들에게서 온 편지를 읽어주고 가곤 하는 것이다. 그날따라 땀을 흘리며 산길을 올라온 우체부에게 노인은 아들에게 하듯 점심을 권한다. 우체부도 마다 않고 작은 소반에 차려진 점심을 먹는데, 그 상차림이란 게 새까만 꽁보리밥 한 그릇과 된장 한 종지 그리고 풋고추 몇 개와 방금 떠온 찬물 한 그릇이었다. 우체부는 허기진 듯 된장에 풋고추 한 개를 꾹 찍어 어적어적 맛있게 먹는다.

하필 나는 그때 첫애를 갖고서 입덧이 시작된 무렵이라 통 먹지를 못하던 때였다. 보잘것없는 밥상 위의 된장과 풋고추가 그날따라 그렇게 먹고 싶을 수가 없었다.

처음이었다. 이전에 내가 즐겨먹던 것도 아닌데 왜 그렇게 군침이 돌던지 그 이후 내 단골메뉴는 풋고추랑 된장이 된 것은 말할 것도 없다.

계절이 바뀔 때마다 입덧처럼 입맛이 쓰다. 아무리 시절에 따라 식성이 바뀌었다 해도 어머니의 손맛이 그리운 이즈음이다. 장아찌가 감칠맛 날 때라든지 콩자반이 그리운 건 추억의 한 자락에 숨어있는 어머니의 도시락 반찬 메뉴이어서인지도 모른다. 김장김치가 맛을 잃어 가는 초봄에 식단을 차리다 보면 애들 말처럼 촌스런 음식이 더 많다.

언젠가 텔레비전에서 우유회사 광고 문구가 화제가 된 적이 있었다. 처녀 같은 젊은 엄마가 아기를 안고서 '내 아이는 달라요' 내 아이만은 특별하다는 얘기다. 대다수 엄마들은 지금도 그런 자부심으로 아이들을 키우고 있을 것이다. 그러나 속내를 들여다보면 세상에 없이 특별한 그 아이들에게 무슨 음식이 유익한지는 잘 모르는 것 같은 느낌이 든다. 패스트 푸드점의 성업과 무관치 않은 아이들의 식습관은 어디서 유래한 걸까?

된장이나 청국장 이야길 하면 코 먼저 막는 일을 빈번히 보며 입맛이 씁쓸해진다. 우리 민족의 정서와 함께해 온 발효음식에 길들여진 것과 가장 한국적인 맛을 요즘 젊은 사람들은 즐기려 하지 않는다.

내가 토종 된장을 담그는 일도 지금 생각해 보면 첫아이를 갖고서 입덧을 치르던 그때의 입맛으로 연유하는지 모르겠다.

얼마 전에 우린 정월장 담근 것을 꺼내 버무리는 작업을 마쳤다. 몸살기까지 느끼며 고된 일을 마무리해서인지 맘 같아선 장독대에 금줄이라도 치고 장 익기를 기다리고 싶은 심정이었다.

조상들이 물려준 문화나 식품을 보전하고 유지하는 것도 얼마나 아름다운 모습이랴.

때론 고지식해 보이고 미련해 뵈도 그 옛것에 대한 향수를 잊지 않고 찾아주는 이들로 하여 기쁨을 느낀다.

오늘 저녁엔 냉이 몇 뿌리 넣고 된장찌개를 끓여볼 일이다.

한 상에 둘러앉은 가족의 사랑도 물씬 풍겨나지 않을까.

그때 알았더라면

아버지, 어느새 가을걷이가 끝나가는 들녘은 쓸쓸한 초겨울이네요.

지난여름을 잘도 견뎌 튼실한 알곡을 내어준 대지 위에서 야윈 아버지 혼자 가을을 거두셨군요.

어쩌면 가을과 아버지는 잘 어울리는 연인 같다는 생각이 들어요. 늘 부지런 하셔서 거둘 것이 많은 농부이신 아버지가 풍요로운 가을을 닮았거든요. 이제 논두렁에 심은 서리태만 거둬들이면 가을걷이가 끝나가는 거지요? 우리 집 뒤뜰에도 아버지가 좋아하시는 월하 감을 딸 때가 되었네요. 올해엔 해거리를 하느라 지난해보다 좀 덜 달렸지만 주말에 그 감을 따면 아버지 뵈러 갈게요.

아버지, 지난번에 낡은 싱크대를 교체하려고 할 때에 안방 장롱도 붙박이장으로 바꿀까 생각해 본 적이 있어요. 25년이 지나기도 했지만 말썽꾸러기 아이들 키우며 흠집이 많아졌거든요. 그 장롱은 22살 철없던 제가 시집을 간다고 하니까 아버지께서 공장에 가서 손수 맞추어 오신 거지요. 제 짐과 함께 장롱을 신혼집으로 실어 오셨는데 맘에 들지 않는다고 아버지 가시는 길에 배웅도 안했잖아요. 장롱을 실어다 주시며 하나밖에 없는 딸 시집보내는 애잔한 아버지 맘을 제가 어찌 알았겠어요. 내 손을 잡고 신부입장 할 때에 보았지요. 아버지의 떨리는 손과 충혈된 눈을. 이젠 그 낡고 오래된 장롱도 아버지의 기억 때문에 정감 있는 눈으로 바라볼 수 있어서 그냥 간직하기로 했어요.

아버지, 돌이켜 생각해 보니 아버지께 저는 깨물지 않아도 아픈 손가락이었어요. 제가 어렸을 때 홍역으로 디프테리아로, 그리고 나중엔 척추결핵으로 사경을 헤맬 때 읍내까지 20여리 길을 업고 단숨에 간 일이 한두 번 아니었다지요. 결국 여러 번의 수술로 애간장이 타는 날들을 아버지는 병상 일기를 쓰시며 견뎠다고 하셨죠. 아버지의 일기를 우연히 읽어본 막내 고모가 눈물이 나서 더 읽지 못했다는 말씀도 하셨어요.

아버지, 올가을엔 장광이 뜰에서 막내아들 생각에 남몰래 삼킨 눈물은 또 얼마나 많았는지요? 아직도 아물지 않은 상처 가슴에 묻은 아버지를 생각하면 제 가슴도 미어져 옵니다.

아버지 앞에서 눈에 넣어도 아프지 않은 막내는 끝내 병마를 이기지 못했고, "아버지 죄송해요"라는 마지막 인사를 했지요. 아버진 짐승 소리 같은 울음을 토해 내셨어요. 그렇게 건강했던 아들이 아버지도 견딘 암세포에 져서 가을꽃처럼 스러져 갔지요.

살아가면서 이렇게 가슴 무너지는 일이 우리 앞에 있을 줄 상상이나 했었나요. 어떤 말로도 형용할 수 없는 슬픔을 간직한 지 벌써 1년이 지나가고 있어요. 시간이 간다고 기억까지 빛바래진 않겠지만, 아니 오히려 더 선명하게 우리의 가슴에 자리하지만 이제 조금씩 아주 조금씩 동생을 놓아주면 안 될까요? 아버지에겐 어리기만 한 막내아들도 세 아이의 아버지였던 것을요. 6살짜리 철부지 아들을 두고 차마 눈감지 못한 당신의 아들 맘도 아시지요?

우리가 너무 슬픔에 잠겨 있으면 동생도 편치 않을 거잖아요. 출장 간 거라고, 이민 간 거라고 생각하세요. 우린 이다음 천국에서 다시 만날 기약과 소망이 있잖아요.

아버지, 지난 추석 무렵 벌초할 때에 제가 처음으로 아버지를 도와 선산에 간 적이 있었죠. 아들을 그곳에 묻지 않고 굳이 납골당에 안치한 아버지의 고집을 그때야 알았어요. 늙으신 아버지가 어떻게 아들의 산소에 벌초를 하겠느냐고요. 막내아들의 몫까지 아버지 살아계신 동안 제가 다 하겠다고 그날 다

우리가 너무 슬픔에 잠겨 있으면 동
생도 편치 않을 거잖아요. 출장 간 거
라고, 이민 간 거라고 생각하세요.
우린 이다음 천국에서 다시 만날 기
약과 소망이 있잖아요. —그때 알았더라면

짐을 했어요. 아버지 몸은 비록 야위실 대로 야위셨지만 정신은 더 또렷하셔서 우리 곁에 오래도록 계셔야 해요.

아버지, 그냥 조용히 불러보아도 가슴이 따뜻해지는데 어떡해요 자꾸만 세월이 우리 아버지를 쇠약해지게 해서 더럭 겁이 나요. 아버지는 우리의 아버지이시지만 우리 식구 모두는 6살 조카에게 또 다른 아버지여야 하잖아요.

아버지, 고맙습니다.

오래도록 우리들 곁에서 버팀목이 되어주셔서 감사해요. 아버지가 이제껏 살아오신 것처럼 꿋꿋하고 당당하게 그리고 멋지게 우리 곁에 계셔 주세요.

그땐 몰랐던 것을 이제는 알 것 같은 늦은 철듦에 아버지께 고백해요.

아버지, 정말 감사합니다.

슬픔의 끝

겨울답잖게 한낮의 햇살이 포근하다고 느끼는 오후, 이장님의 방송 멘트가 비학골 골짜기에 퍼져왔다. 누군가 영안실에 안치되었다는 말만 들렸는데 우리 마을엔 연세 드신 어른이 참 많다. 시름시름 하시던 분 중의 한 분 일거라고 생각하고 나중에 우진이 할머니께 여쭈어보면 된다고 하던 일을 마무리 할 요량이었다.

그런데 다시 방송이 이어진다. ○○○가 자동차 사고로 영안실에…. 아! 나는 내 귀를 의심하였다. 세상에 이런 일도 다 있다니 아직 솜털이 보송한 앳된 청년이 죽다니. 가슴 한 쪽이 눅신하도록 아파오고 혼절했을 규광이 엄마가 더 애틋하게 생각되어 일을 할 수가 없었다.

"어쩌면 좋아. 어떻게 해."

나는 마치 내 일인 양 좌불안석이 되어 도무지 맘을 추스를 수가 없다.

그 형님은 결혼해서 늦도록 자녀가 없어 불공을 드리고 맘고생을 많이 한 후에 첫아들을 얻었단다. 얼마나 예쁘고 귀염둥이인지 마을 어른들의 사랑을 독차지하고 기른 아들이었다. 정말이지 인물이 빼어나 누가 봐도 귀공자 타입인데 사춘기 때 형님 가슴에 애간장을 태운 날들도 있었다. 이제 철도 들고 맏아들이라 엄마 맘도 잘 헤아리는 곰살궂은 청년으로 성장했는데 사고라니.

영안실 한 귀퉁이에 정신이 반쯤 나간 형님이 불쌍한 우리 아들소리만 염불 외듯 토해내고 있었다. 지금 저 형님의 온갖 세포들은 아들에 대한 연민과 집착으로 부르르 떨고 있을 터였다. 그래도 정신을 놓지 않고 있는 형님을 붙잡고 어떤 말로도 위로가 안 될, 사람으로서는 할 수 없는 이 슬픔을 위로해 달라고 기도를 드리고 있었다.

지금 땅이 꺼질 듯한 그 고통도 시간이 흐르며 맘을 추스르게 되면 좀 위로가 될까 싶어 같이 교회에 가보자고 권면하려 한다.

때로 세상에서 줄 수 없는 평화가 거룩한 성전이나 기도 중 골방에서도 체험할 수 있을 테니까.

슬픔의 끝은 결국 행복일거라고 그렇게 위로 해보며 말이다.

이별연습

휴일이면 해가 중천에 오도록 일어나지 않는 큰녀석에게 난 이렇게 엄포를 놓았었다.

"너 고등학교 졸업하는 날 해병대로 보내 버릴 거다. 가서 죽도록 고생을 해야 제 덮고 자는 이불도 개고 제 방도 치우지."

밤낮이 바뀐 녀석의 귀에 딱지가 앉도록 중얼거린 세뇌교육은 기가 막히게도 3년 후에 딱 들어맞았다. 죽어도 해병대는 싫다더니 저 자신을 시험해 본다며 해병대에 지원을 하고 온 것이다.

그리고는 땀을 뻘뻘 흘리며 헬스로 몸 만들기에 들어갔다. 실은 그냥 엄포였는데 진짜 해병대에 간다니 슬그머니 걱정이 앞선다. 어느새 내가 중년이 된 것이다. 군인 아저씨 소리들을 아들을 둘씩이나 곁에 거느린.

친구의 아들이 군대 갈 때만 해도 남의 일이었다. 맛난 음식 앞에서 그렁그렁 눈물을 보이면 전쟁터에 보낸 것도 아닌데 유난을 떤다고 핀잔을 주지 않았던가. 난 당당할 자신 있다. 절대 눈물 보이지 않는다. 전시에 아들을 군대 보낸다면야 눈물뿐이겠는가. 억장이 무너져 제대하는 날까지 발 뻗고 잠 못 잘 것이다.

그래도 이별은 이별일 테지. 이제 3개월 후면 가족과 떨어져 처음으로 자신과의 인내의 시간을 가져야 하는 유약한 아들과 미리 이별 연습중이다.

유난히 정 많은 녀석은 몹시 추운 날 밖의 똘똘이 추울까봐 걱정이고 잔인한 영화의 장면을 본 날은 우리 방으로 들어와 자는 얼뜨기지만 훈련이 혹독하기로 유명한 해병대에서 진정한 남자로 변해서 날 감동시킬지도 모를 일이다. 내가 철없던 시절 엄마의 맘을 몰랐던 것처럼 녀석도 내 맘을 몰라 줄 때가 있어 가끔 섭섭하다.

오늘 아침도 산나물과 된장찌개뿐인 밥상이 못마땅한 눈치여서 저녁엔 녀석이 좋아하는 삼겹살을 구워줄 양으로 숯불을 준비하고 전화를 했다. 그랬더니 겨우 하는 말이 친구들이랑 운동하니까 엄마 먼저 먹으라며 멋없게 전화를 끊는다. 저것이 딸이었음 얼마나 다정할까 싶어 없는 딸 타령으로 속을 끓이고 말았다.

녀석이 어렸을 땐 머리 감기를 제일 싫어했다. 내가 거꾸로 안고서 부드럽게 머리를 감기며 착한 우리 아가, 예쁜 우리 아기 소리를 백 번도 더 해야 겨우 울음을 그치는 놈이었다. 그래도 목욕하는 것은 좋아해서 제멋대로 놀도록 함지에 물을 넣어주고는 졸음이 올 때쯤 수건으로 감싸 안아주면 그렇게 좋아했다.

밤마다 옛날이야기 하나씩을 들려주느라 매일 동화 작가가 되어야 했던 엄마의 행복을 기억이나 할까? 새벽마다 잠든 녀석의 이마에 손 얹고 기도해준 기도문을 힘겹고 눈물 날 때 혼자서 외우며 엄마 생각을 떠올릴까?

난 아직 떠나보낼 준비가 안 되었는데 녀석은 날려고 몸부림이다.

이별 연습은 현재 진행중이다.

마법에 걸린 하루

가을이 온몸으로 수를 놓으며 햇살을 익히고 있다.

무심히 들여다 본 화장대 달력엔 오늘 날짜 위에 별표를 하고서 결혼기념일이라고 적혀있다.

새해아침에 적어둔 기념일 표시인데 어느새 17년을 살았나 하는 놀라움뿐 무덤덤하기는 나도 그이를 닮았나 보다. 여느 날처럼 매장으로 나가 청소를 하고 신문을 보고 있는데 남편이 왔다.

"문 닫고 우리 어디 갈까?"

아무렇지도 않게 그이가 물었다.

의아한 표정으로 바라보니 그냥 놀러 가잔다. 아무튼 분위기 없는 그이의 무표정한 말에 난 금세 얼굴이 환해졌고 어린애처럼 샐샐 웃음이 나왔다. 가까운 조령산이나 가잔다.

내가 가을 내내 속으로만 외로워했던 걸 그이가 알았을까?

상점의 문을 잠그며 옆집으로 가서 나 오늘 여행가는 거라 했더니 커다란 단감을 몇 개 넣어준다. 칸소네 테이프를 골라 틀고 갑자기 멋있어 보이는 남편의 볼에 뽀뽀도 하고 그렇게 가을 속으로 유유히 떠났다.

아삭거리는 감의 단맛이 혀끝으로 전해지는 게 좋아서 하나 더 먹으려 하자 그이가 말해다.

"이 사람아 변비 걸려."

'에고, 멋없기는. 하필이면 거기서 왜 변비 이야기가 나온담.'

문경 쪽으로 가는 길엔 온통 사과 과수원뿐이다. 빨간 사과가 주렁주렁 달려서 달콤한 향기를 뽐내고 있고, 가로수로 늘어선 쭉 곧은 은행나무는 샛노랗게 웃고 있다.

이 멋진 풍경. 11월인데도 이곳은 늦가을 정취를 고스란히 간직한 채 우릴 맞았다.

봄의 산과 가을의 산이 이렇게 맛이 다르다. 안으로만 삭이면서 떠날 채비를 하는, 그리하여 너무 고와서 설운 단풍잎이 하나 둘 날리고 있는 그 풍성한 가을 길을 투박해진 손을 잡고 걸었다. 신혼여행 이후 처음인 것 같았다.

그런데 아까부터 단체 관광객인 듯한 사람들이 자꾸 우릴 힐끔거리며 쳐다보는 것이다.

"혹시 애인 사이라고 의심하나? 늙은 신랑이 예쁜 각시를 데리고 다니니까."

내 말이 끝나기도 전에 그인 잡았던 손을 슬그머니 놓는다. 엊그제 결혼한 것 같은데 어느새 남편의 머리엔 새치가 눈에 띄게 늘었다.

17년 전 감히 아버지 앞에서 결혼 이야길 꺼낸 날부터 내 눈엔 눈물이 마를 날 없었다. 사랑 때문인지 그리움 때문인지 아니면, 혼자 목장에서 밥해 먹는다는 그이의 말에 연민의 정 때문인지 모를 그 무엇이 날 눈물에 젖게 했다.

결국 아버진 22살 어린 딸의 눈물에 항복하셨고 당신은 더 많은 날 가슴으로 울었다고 하셨다. 결혼이 어린애 소꿉놀이 인 줄로 아는 철없는 딸을 산골의 청년에게 데려다 주시고 불면으로 아파했을 날들. 그렇게 힘든 출발을 했는데도 우린 간간이 의견이 맞지 않았고 그래서 난 속상하다고 문을 닫고 울었었다. 무심한 시간이 많은걸 깨닫게 해주고 말없이도 서로의 생각을 공유할 줄 아는 40대가 훌쩍 넘어버린 것이다. 가끔 이런 나들이도 우릴 가슴 설레게 하는데 그동안 너무 무심히 살았다.

짧은 산그늘이 비탈진 사과 과수원으로 기울 때 온천을 갈 요량으로 차를 몰았다.

그런데 내 말엔 대꾸도 없이 오솔길로 접어든다. 한참을 가도 건물은 없고 웬 통나무집만 여러 채가 있다.

난생처음 그이가 초대한 소나무 향기 나는 통나무집에서 숲속의 공주처럼 마법에 걸린 하루였다.

추수감사절

추수 감사절. 올해도 어김없이 성전 소 강대상에 갖가지 알곡들이 올라와 있다.

수수목부터 땅콩에 이르기까지, 앙증맞은 지게 위에 온갖 과일들이 탐스럽다. 연출한 솜씨가 신집사님이지 싶다. 그렇게 애써 가꾼 농산물을 올려놓고 신전에서 제사하듯 우리는 추수감사절기 예배를 드린다.

우리나라 전래의 추석이 절기상으론 햇곡식이 나는 때라 추수감사절에 어울릴 듯한데 교회 절기는 서양식이라 좀 늦은 감이 번번이 든다. 이미 햅쌀로 밥을 지은 지가 언제인데… 목사님의 설교가 아니더라도 비바람과 태풍을 잘도 견딘 우리 곡식을 놓고 감사로 여는 예배는 언제나 눈물 고이게도 감격적이다. 우리는 산골의 교회라 논농사도 짓는다.

올봄 너무 힘주어 꽂으면 금방 갯벌 같은 논 속에 파묻히는 어린 모를 나는 심어봤다. 아직 발 시린 논 가운데서 덤벙 덤벙 빠지며 모를 심다가 손에 쥔 모다발 속에서 지렁이가 꿈틀거려 기겁을 하고 논둑으로 달아난 게 전부였지만. 좌우지간 나는 모내기 하는 날 유유히 돌아다니는 거머리핑계로 논둑에서 줄반장도 하고 할미꽃 속에 둘러싸여 성큼 성큼 모를 꽂는 김태완 집사님을 놀리며 모내기에 참가했었다.

나풀나풀 잘 자라는 벼를 바라보며 흐뭇해하다가 태풍에 바다가 되어버린 논둑에서 속을 끓이기도 했고, 배밭 고랑에 하얗게 열매가 나뒹굴 때도 얼마나 서러워했던가. 배꽃 잔치 끝난 뒤 몇 번의 꽃따기와 열매솎기를 해서 제법 잘 자라다가 겪는 이런 천재지변은 또 얼마나 실망스러웠던가. 어설픈 농부의 맘에도 이 감사절은 무어라 형용할 수 없이 가슴이 벅차다.

유기농 농사라 논 가운데는 메뚜기가 뛰고 그 쌀로 만든 떡을 떼며 교육관에서의 만찬은 언제나 꿀맛이었다. 산더미 같은 설거지도 까르륵거리며 웃다보면 모두 끝나고 오후 예배 마치면 강대상 위의 사과며 배 그리고 곶감을 한줌씩 쥐고 즐거워했다.

예배의 방법이야 다르겠지만 손수 지은 농산물로 드리는 산골의 추수감사 예배는 그래서 더욱 아름답게 느껴진다.

누구에게나 주어진 똑같은 시간과, 똑같은 햇빛과 비를 통해서 생명을 가꾼 우리의 삶이 때론 곤고해 보여도 아니 초라해 보여도 이 가을 내 살과 같은 가을걷이를 보며 가장 부유하게 생각되지 않는가 하여 더욱 큰 은혜를 입는다. 그렇게 시간이 흘러 매주일 감사절 같은 맘으로만 산다면 크나큰 축복이지 않을는지.

평행선

비 온 뒤의 여린 나뭇잎이 배냇저고리 속의 아가 손 같이 예쁘다.

봄이 잦아들면 휘파람새의 목소리에 쇳소리가 보태진다. 도무지 새소리라고 할 수 없을 만큼 이상한 소리로 밤새워 휘~ 휘~ 휘파람을 분다. 아이들 말처럼 귀신 소리 같아 소름이 돋을 때도 더러 있다. 달포가 넘도록 저 새소리 뒷산에서 들려오고 나면 기다렸다는 듯이 개구리가 합창을 한다. 논에 못자리가 아름아름 뿌리를 키우고 제 살 논으로 분가할 때쯤 어디론가 숨어버리는 소리들.

산골의 바람 속엔 생명을 키우는 무엇이 숨어 있기에 날마다 꽃들을 피우고 지울까?

장독대 뒤로 배꽃들이 소리 없이 꽃잔치를 벌이는 황홀한 날인데도 우린 때때로 보이지 않는 팽팽한 긴장감으로 기를 소진한다. 밥상을 물린 후 둥글레 끓인 물을 내놓았다. 요며칠 비가 질금거려 물을 끓인 것인데 남편은 끓인 물이 못마땅하고 난 그 물이 숭늉 같아서 좋다.

결혼하고 처음으로 내가 좋아하는 콩밥을 남편이 싫어한다는 데서 이질감을 느꼈었다. 여름이면 삼계탕을 즐겨먹는 친정의 식성과 전혀 입에 대지도 않는 시댁의 식습관이 여름을 더 덥게 했다. 보쌈이나 수육 같은 담백한 것을 좋아하는 나와 무조건 양념한 육류를 먹는 남편의 식성이 번거로웠다. 옷의 색깔이나 취향, 생각들이 일치하는 부분이 점점 많아져야 하는데 엇갈리는 게 신기했다. 이상한 일이다. 그래도 찰떡궁합이라고 말들 한다. 약혼식 날 모두들 그랬다. 오누이 같이 닮아서 잘 살 거라고.

신혼살림을 차리고 둘이서 대학로 서점에 간 일이 있었다. 주인아저씨는 첨보는 날보고 오빠랑 자취하느냐고 묻는다. 부부라고 했더니 대학에 입학한 신입생 오누이인 줄 알았단다.

성격이 다르다는 것은 자라온 환경이나 구조가 다르니까 충분히 이해한다. 그러나 20여 년 살고 있으면 서로 닮는 구석도 있어야 하지 않을까 .

둘이서 장시간 외출이라도 할 양이면 나는 은근히 긴장한다. 남편은 내가 좋아하는 라디오 프로도 못마땅하고 내가 좋아하는 연주 음악을 틀어도 달가워 않고. 무슨 이야기를 주고 받다 보면 나중의 결론이 달라서 지레 말을 줄이게 된다. 간간이 여행길에서 만나는 다정한 노부부의 모습처럼 그렇게 늙도록 사랑하며 살고 싶은데 우린 서로에게 자기만 알아 달라고 애쓰며 살았던 것 같다.

어느 해인가. 마을 어른들이 함께하는 서울 고궁 나들이를 갔었다. 5월의 해는 등줄기에서 땀이 흐를 정도로 더운데 안내에 동행한 젊은 연인들은 온종일 어깨를 보듬고 다녔다. 등 굽은 시골의 어른들보다 내가 더 민망할 정도였는데 나는 내내 한평생 그렇게만 살 수 있다면 얼마나 행복할 거냐며 남모르게 한숨을 지었던 적이 있었다.

처음엔 사랑하면 다 해결될 것 같았던 시시한 것들이 살면서 자꾸 걸림돌이 되었다.

남편 친구의 영안실에서 꾸역꾸역 국밥을 넘기며 원없이 사랑해야지 했던 눈물 속의 고백은 어디로 숨었나 보다

솔로몬 왕이 사랑하는 술람미 여인에게 고백한 구절이 이렇게 시작된다.

'내 사랑 너는 어여쁘고도 어여쁘다. 너울 속에 있는 네 눈이 비둘기 같고 네 머리털은 길르앗산 기슭에 누운 무리 염소 같구나. 나의 누이 나의 신부야. 나의 사랑하는 자야 너는 빨리 달리라 향기로운 산들에서 노루와도 같고 어린 사슴과도 같아라.'

구절구절 사랑이 묻어나는 시여서 아름답다. 사랑은 허다한 죄를 덮는다 했는데 오늘도 나는 담배꽁초를 아무 곳에나 버리는 남편을 향해 구시렁구시렁 못마땅한 사설을 늘어놓고야 만다.

부부란 같을 곳을 향해 바라보는 것이지 서로 마주 보는 사이가 아니란다. 영원히 평행선이면서 끝까지 함께하는 영원한 동반자란다.

그 평행선이 때론 교차로도 되면 얼마나 멋질까. 턱없는 소원을 밤하늘 보며 해본다.

휴 가

해병대 갔던 큰애가 위로 휴가를 온단다.

푼수처럼 눈물이 먼저 고이고 무얼 해먹일까 요리책을 뒤적였다. 아니 그것보단 아이를 만난다는 것이 이렇게 행복한지 담담한 척 하려해도 자꾸 고샅으로 귀가 기울어진다.

그 녀석과 딱 한 번 떨어져 본 적이 있다. 연년생으로 작은애를 낳았을 때 친정엄마는 산후조리를 일주일 해주시곤 천방지축인 녀석을 데리고 가셨다. 친정집엔 아버지와 할아버지가 홀아비처럼 계셔서 철없는 딸이 갑자기 두 아이의 어미가 된 것이 못내 딱하다 하시면서도 가실 수밖에 없는 상황이었다.

할머니 품에 딱 안겨서 천연덕스럽게 내게 손을 흔들던 녀석. 그때 날마다 녀석이 보고 싶어서 겨우 열흘이 못되어 아이를 데려오게 했다.

자식을 두고 집나가는 여자를 난 절대 이해 못했다. 그렇게 잠깐 이후 처음으로 녀석은 집을 떠나게 된 것이다. 군인이란 자랑스런 이름으로.

날마다 눈물이 났다. 보고 싶어서 견딜 수 없어도 했다. 식탁에 앉을 때마다, 텅 빈 녀석의 방을 그냥 무심코 열어보기를 버릇처럼 했다. 전시도 아닌데 그리고 누구나 가는 것인데 왜 나는 이렇게 담담하지 못한지 눈물은 예고도 없이 쏟아지는지 정말 주책이었다.

녀석이 엄마를 부르며 뛰어왔다. 아이를 품에 안은 것이 아니라 녀석이 나를 안았다. 신고부터 해야 한단다. 건장한 모습으로 새카만 얼굴에 목이 멘 휴가 신고를 내게 했다.

살아가면서 휴가를 맘껏 누릴 수 있으면 얼마나 행복한 일일까.

녀석은 백일이면 가족을 만난다는 기다림으로 혹독한 시련을 이겼을 테고, 나도 달력의 날짜를 세고 있었다. 아이의 친구들이 방으로 하나 가득 모여 훈련소에서의 이야기를 영웅담처럼 듣고 있었다.

군복이나 모자를 돌려가며 쓰고서 머지않아 경험할 군생활을 겁먹고 듣고 있는 게 재미있다. 집에 오면 제일 먼저 시원한 사이다를 먹으려 했단다.

삼복더위에 입대한 그들에게 마른 먼지 풀풀 날리는 연병장과 뜨뜻한 물 한 모금이 젤 괴로웠다나. 하루는 한 줄로 서서

물먹을 차례를 기다리는데 제 앞의 동료가 물을 서너 모금 먹었다고 물 담긴 통을 다 쏟게 하고 병아리 오줌만큼의 물을 주더란다. 물이 먹고 싶어 쓰러지려는 상황인데. 그때 그 조교를 사정없이 패주고 싶은걸 참느라 얼마나 힘들었는지 모른단다.

눈물범벅의 밥을 몇 번이나 먹었을지 나는 안다. 유난히 까다로운 녀석의 식성과 깔끔 떠는 습관 때문에 샤워도 맘 놓고 못해 괴로움을 당했을지 말 안 해도 짐작한다. 4박 5일이 금방 지나갔다.

겨우 한두 끼만 집에서 먹고 무엇이 그리 바쁜지 오붓하게 모자간의 대화도 못해보고 아이를 보내야 했다. 이제 좀 담담해지려는데 떠나는 녀석은 다시 거수경례를 내게 했다.

울컥 눈물이 앞을 가리고 그렇게 매정한 시간은 정확하게 아들 앞에 와있었다.

늘 일에 파묻혀 사는 내게도 딱 일주일만 휴가를 주었으면 좋겠다. 오랫동안 못 봤던 친구도 만나고, 쓸쓸한 바다고 가보고, 목적지 없는 기차 여행도 하고 싶고. 사는 게 무슨 그리 대수냐고 말없이 여행 가방을 챙길 간 큰 생각도 문득문득 해본다.

차 한 잔의 여유도 없고, 밤을 하얗게 새워 고민에 빠져보지도 않고 이렇게 대책 없이 시간만 붙들고 산다.

나도 조건 없는 휴가를 한 번만 쓰고 싶다. 간절하게.

봄나들이

햇살이 눈부신 3월이다.

진해에서는 어느새 벚꽃 축제가 한창이고 우리 집은 정월에 담은 장 버무리기로 분주한 한 주일을 보내고 있었다. 목련과 샛노란 개나리가 수선스럽게 뒤뜰을 수놓을 무렵이면 죽리에서는 마을 사람들이 모여 봄나들이를 계획한다. 못자리 할 새흙 고르고 아침저녁으로 고추며 담배모종 키우는 비닐하우스를 애기 돌보듯 보듬어야 하지만 이때 아니면 농촌의 일손이 그리 녹록치 않음이라 언제부터인지 불문율처럼 그렇게 나들이를 나서고 있다.

죽리에 산 지가 20여 년이 넘는가 보다. 내가 청원군의 한 야트막한 골짜기로 시집온 지 3년이 넘을 즈음 남편은 다른 곳으로 이사를 간다고 말했다. 그땐 외딴 골짜기에서 외로움에 지칠 무렵이라 마을이 있는 곳이면 어디든 좋아라 했다. 옹기

종기 모여 앉은 정겨운 집과 사람들이 순박하고 고와 첫눈에 맘에 들었다. 목장 새댁이었던 내 호칭이 그냥 새댁으로 바뀌고 그리고 그곳에서 승희와 창희를 낳아 길렀으며 남편은 마을 이장으로 또 마을 수의사로 그렇게 죽리 사람이 되었다.

죽리엔 집집마다 노 어른들이 많이 계셨었다. 장수마을로 불리고 딸 부잣집이 많고 대처에서 성공한 인물들이 많았다. 그런데 지금은 여느 농촌과 마찬가지로 젊은이가 없다.

이장님이 회관에 모이란 방송만 못 들었으면 난 늦잠이 들었을 터였다. 전날 늦게까지 무거운 장 항아리랑 씨름한 터라 온몸이 천근같았다. 마을 사람들이 다 떠나는 천렵인지라 꾸러미 꾸러미 짐도 많고, 다소 상기된 얼굴로 구십이 다된 송정할아버지가 제일 먼저와 차를 기다리고 계셨다. '바쁜데 새댁이 가서 좋구먼' 새댁이란 말이 어색하지 않은 것은 처음부터 지금까지 그렇게 불린 까닭이다. 사실 차에 오른 마을 어른들의 평균 연령이 65세다. 마로도스 구씨 아저씨의 연세가 80이 되셨다니 그럴 만도 한데 구씨 아저씨는 배를 탄 적이 없지만 멋진 개동모자와 선글라스가 그런 별명을 붙게 했다. 이제 서서히 농촌 일손은 바빠지고 흙먼지 속에서 살아야할 텐데 일찌감치 마을 단합대회 겸 나들이는 설레는 연중행사인 것이다.

차에 오르신 어른들의 표정이 밝고 흐뭇했지만 속내를 들여다보면 한 가지씩 상처를 안고 사시는 분들이다. 용호 할아버지는 여전히 젊은이처럼 씩씩한데 용호 할머니는 아주 늙으셔서 보기에도 딱하다 싶을 만큼 힘이 없다. 용호 아빠가 하루아침에 저 세상 사람이 되고 용호 엄마도 재혼해 떠나갔으니 얼마나 속을 끓이셨을까.

지금 관광차를 운전하는 사람은 재평골 아저씨의 아들이다. 두 양주 분이 몇 해 전 세상을 떠나셔서 쓸쓸한 본가 집만 남았는데 기사아저씨의 인사말이 참 좋다. '꼭 부모님 모시고 나들이 가는 기분입니다. 건강들 하시고 오래오래 사셔요'라고. 이 차에 타신 모든 분들이 그의 어렸을 적 벌거숭이를 기른 부모님 같은 분들이니까 그 말은 꼭 맞는 말이다. 경쾌한 음악이 흐르고 모처럼 집안일에서 벗어나 시원스런 고속도로를 달리는 기분이 어린애가 된 느낌이다. 설악산으로 들어서는 길가에 벚꽃이 살포시 고개를 내밀 듯 말 듯 수줍어하고 개나리만 노랗게 웃고 있다. 일정을 한두 주 늦췄으면 꽃잔치 만발한 화사한 길이겠는데 언제나 마을 나들이는 이른 봄이어서 아무것도 볼 수가 없다.

어른들을 모시고 산행은 엄두도 못 내고 그냥 케이블카만 타고 산중턱까지 가보는 것으로 설악의 산자락에 발도장만 찍어도 좋아라 했다. 늘 보아오던 두타산이나 삼보산 자락의 숲 모습과 다르지 않다. 낙산사 경내를 천천히 걸으며 오랜만에 선주 엄마랑 아이들 이야기를 해봤다. 고만 고만한 딸 셋에 아들 하나 두고 종갓집 종부로 수없는 제사상 차리던 그녀는 이제 버거운 삶에서 놓인 것 같아 보기 좋았는데 벌써 허리가 아파 일을 못하겠다니 큰일이다. 관광차 안에는 나 말고도 새댁이 또 있었다. 굼벵이 할머니가 그분인데 하얀 바지를 입고 살래살래 춤추는 모습이 언제나 젊고 멋지다. 마을에서 뵈는 어려운 어른들이 나들이 갈 땐 한데 어우러져 도무지 형수도 제수씨도 아재도 없다.

그러니 아침부터 틀어놓은 신나는 음악 앞에 가만히 앉아 가게 하질 않는다. 가무엔 젬병인 나도 엉덩이 흔드는 척하며 애교를 떨어야 잘한다고 하시니 즐거운 고역이랄까.

샘안댁 아주머니가 어깨를 들썩이며 공여사를 연신 부른다. 뒷자리로 숨어도 용케 아시고 불러 세우는데 그분의 큰딸 선임이가 3년 전에 임파선 암으로 세상을 떠서 눈에 눈물 달고 사셨다. 나랑 동갑이고 그렇게 곰살 맞던 딸이 마지막 눈감을 땐 복수 때문에 숨이 차서 아이들 부탁의 말도 못하고 갔다고 얼마나 기가 막혀 하셨던지. 이렇게라도 훌훌 털어내고 견디시는 게 보기 좋아 나도 덩달아 춤을 추었다.

관광차 안에서 음주 가무로 인해 큰 사고를 부른다고 염려하는 목소리가 높다. 도대체 언제부터 그 좁은 차안에서 춤을 추는 문화가 생긴 거냐고 내키지 않은 것도 사실이다. 그러나 막상 같이 여행을 떠나보면 그렇게 흥겨운 놀이가 없어 보이고, 점잖은 어른들의 가슴에 신명이 많았나 싶어 놀라울 때가 많다. 방송에서 가끔 보던 고려인들이 축제 때면 서슴없이 흥겨운 춤사위를 펼치는 것이 보기 좋았는데 그 느낌이 나들이를 할 때면 느껴지는 것이다.

주문진에 가서 싱싱한 해산물도 사 넣고 안주로 여러 가지 음식을 먹으며 해가 설핏해 지는데 차 안의 어른들은 지치지도 않고 춤을 추신다. 배나무골 아주머니나 용대 아주머니, 그 많은 담배농사와 나이 먹은 아들 혼사가 이뤄지지 않아 결국 필리핀 며느리를 얻으시고야 손자를 보셨는데, 희망 없는 농촌 살림 같으나 나름대로 살아가는 방식이 있는 것이다. 소재 아주머니까지 휘적휘적 춤을 추셔서 얼마나 웃었는지 나중에 발에서 불이 나는 것처럼 발바닥이며 장단지가 아파 도저히 못하겠다고 하니 젊은이가 그렇다며 핀잔을 주신다.

아침 일찍 떠난 관광차는 저녁 열 시가 되어서야 마을 회관 앞에다 우릴 내려놓는다. 집에 남은 소와 비닐하우스 관리 때문에 대부분 혼자서 다녀왔는데 금성 아저씨랑 소재 구 이장까지 다 마중을 나와 있었다. 이렇게 끈끈한 가족애와 마을 공동체의 사랑이 없다면 벌써 도시화 되어버렸을 농촌이다. 내일 점심에 남은 설거지하면서 뒤풀이로 소주 한 잔씩 하실 어른들의 표정이 무척 행복해 보이시고 졸지도 않고 마을을 비추고 서 있는 가로등이 정겹게 다가오던 날이었다.

올봄 나들이도 이렇게 한 획을 그으며 죽리에 사는 나이테를 보태고 있다.

가을 감나무

낙엽진 감나무에 탱글탱글 가을이 열려 있다. 손바닥만한 햇살을 향해 온몸을 내민 앙증맞은 감을 볼 때마다 뜬금없이 눈물이 고인다.

나는 서둘러 감을 따지 않는다. 가을을 오래도록 붙잡아 두고 싶어서일까! 장독대 옆 뾰주리 감나무는 해거리 끝이라서 참 많이도 열렸다.

우리 집의 많은 유실수 가운데 유독 감나무에 정이 가는 것은 나무가 주는 정감 때문이다. 늦가을 여행지에서 만난 감나무에 한없이 취해본 적이 있다.

서리가 하얗게 내려 있는 들녘 풍경과 고즈넉한 아침의 느낌. 추수 끝낸 들판으로 참새 몇 마리 날아드는 11월에 나는 신부가 되었다. 다시 맞을 봄을 위해 소중한 씨앗을 보듬고 있는 계절에 먼 여행을 시작한 것이다.

어떤 이는 결혼을 항해에 비유하기도 했지만 어린 신부인 나는 마치 여행을 가는 것처럼 생각했다. 그러니까 소중한 부모님 생각도, 눈만 뜨면 같이 있던 친구들도 뒤로 한 채 훌쩍 설레는 여행을 간 것이다. 미지에 대한 호기심과 나를 위해 좋은 일들만이 기다려줄 것 같은 예감을 갖고.

우리 여행의 시작은 첫 기차를 타기로 했었다. 떠나던 날 새벽에 배낭을 짊어진 신랑이 밖에서 큰소리로 날 불렀다. 세상에 그이의 손에 들린 운동화는 마치 구운 오징어처럼 온몸을 비틀고 있었다. 전날 밤 하얗게 빨아서 연탄아궁이 곁에 세워놓았던 건데…. 신랑의 표정과 새까맣게 타고 비틀어진 운동화가 어찌나 재미있던지 철없는 신부는 웃음을 참지 못했다.

타버린 운동화를 신고 기분이 말이 아닌 신랑의 속도 모르는 기차는 신나게 새벽을 달렸다. 얼마쯤 왔을까? 뿌연 어둠이 걷히고 창가를 스치는 풍경이 있었는데 아! 가을 감나무였다. 옹기종기 모여 앉은 마을, 군데군데 오롯이 열매만 달고 있던 감나무들. 아마도 저런 곳에 사는 사람들이라면 욕심 없는 행복을 가꿀 줄 알리라는 생각이 들었다.

기차에서 내린 우린 손을 꼭 잡고 걸으면서 사랑한다는 말을 한 번도 입 밖에 내지 않았지만 사랑한다는 걸 느낌으로 알 수 있었다. 이 사람이라면 우리의 긴 여행에서 아무리 어려운 일이 있더라도 끝까지 동행해줄 거라고 믿어졌다.

여행이 늘 즐거울 수만은 없다. 그러나 한 가지 확실한 건 혼자보다는 둘이서 함께하는 게 훨씬 나을 것이라는 확신이 있을 뿐이다. 살아온 날들을 돌아보면 힘겨운 일이 더 많은 듯하여 속상해 하면서도 이게 평범한 사람들의 삶이려니 생각하며, 가슴으로 밀려오는 무거운 짐들을 하나씩 꺼내 놓는다.

말없이 열매를 키우고 서 있는 순한 감나무를 닮고 싶다.

'행복의 비결은 필요한 것을 얼마나 갖고 있는가가 아니라, 불필요한 것에서 얼마나 자유로워져 있는가 하는 것'이라고 한 법정스님의 글이 오늘따라 가슴으로 읽어진다.

시집살이

날씨가 추워지면서 성격 급한 어머님의 김장 걱정이 아침마다 시작되었다. 당신의 손으로 가꾸신 포기 배추가 다 얼어버리겠다는 말씀이다.

해마다 큰댁에서 가꾼 배추, 무로 김장을 했는데 올해는 유난히 더 서두르셨다. 며칠 춥다가 풀리면 시간 내서 하겠다고 말씀을 드렸는데 그 며칠이 벌써 열흘이 지나고 갑자기 얼음이 얼기 시작했다. 김장을 하려면 마늘이랑 준비할게 많은데 도무지 시간을 낼 수가 없고 결국 냉장고의 먹던 김치마저 떨어진 날이었다.

'언 배추로 한 김치 난 안 먹는다'며 새벽부터 일어나셔서 당신이 가꾸신 배추를 탁탁 소리를 내며 자르고 계시다. 어머님의 급한 성격 때문에 가끔씩 아들과 싫은 소리를 하시는데 도무지 김장할 걱정도 안 하는 며느리가 얼마나 미우셨을까. 아침 진지 잡수시라 해도 언 땅에서 배추만 다듬고 계셨다. 알아서 하겠다는데도 저렇게 난리를 피우시는 게 나도 서운해 졌다.

늘 어머님은 그런 식으로 날 시집살이시키는 거라고 생각했다. 마을에서 까다롭기로 소문난 분이 어머니시다. 비린 것이라곤 멸치도 입에 안 대시는데 하물며 김장에 젓갈을 넣는 건 상상도 못할 일인 것을 어찌 알았으랴. 어머님이 하신 김치는 초봄에나 맛을 내지 영 내 입맛이 아니다. 마늘과 생강 그리고 고춧가루 조금이 양념의 전부이니까. 할 수 없이 난 친정에서 해주신 굴 넣은 배추김치나 젓갈냄새가 나는 알타리 김치를 얻어먹곤 했다.

이젠 어머님과 같이 사는 게 십 년이 넘는 터라 우리 먹을 것 따로 하고 어머님 김장 다시 하곤 하는 간 큰 며느리가 되었지만. 하여간 가끔씩 말없이 당신의 위세를 보이시면 얼마나 불편하던지…. 그렇지 않아도 친정엄마가 우리 먹을 김치 다 담가 놓았으니 다녀가란 전화를 받은 터라 몇 포기 안 되는 채마밭의 김장은 시간 있을 때 할 요량이었는데 어머님이 단단히 화가 나셨다. 점심까지 거르시며 찬물에 배추를 씻어 절이시더니 숨도 안 죽은 배추를 허옇게 버무리시고 계셨다. 결국 어머님 혼자 김장을 하시고 난 청국장 포장 때문에 작업실에서 있는데 친정아버지가 쌀이랑 김치를 싣고 오셨다.

지난번보다 더 야위신 아버지는 허리 아프지 않게 일 조금씩 하라시며 차만 드시고 서둘러 가신다. 사돈어른이 계시니까 불편하기도 하시지만 시집보낸 지 20년이 넘은 딸을 위해 늘 김치나 쌀 따위를 실어다 주시는 당신의 사랑표현이 유난스러울까봐 조심스러우신가 보다. 친정부모님 생각이 내 아이 군에 보내놓고 더욱 쓸쓸하게 다가왔다. 날 시집보내시고 지금의 나처럼 추운 날, 맛있는 것 먹는 날, 아니 때때로 그리워하셨을 것을 짐작했다.

아버지의 차가 멀어지자 갑자기 눈물이 핑 돌았다. 아직도 한 움큼의 약들을 드시며 쇠약해진 육신을 보듬는 아버지가 내 곁에 계신 것이 고마워서.

사실 시집살이란 게 별거 아닌 것이 하루 종일 일에 시달리다 아무렇게나 거실에 누워 신문을 읽는 작은 시간, 때로 설거지 미루고 컴퓨터 앞에 앉아 있을 때도 어머님이 계시면 얼마나 불편하던지 뭐 그런 것들이다.

입장을 바꿔보면 어머님도 내가 있어 불편할 때 많았을 테지만 이렇게 오늘 아침처럼 무섭게 시위하신 적이 많지는 않았다. '잘해 드려야지. 내가 시어머님께 잘하면 우리 올케가 우리 엄마 아버지께 잘해 드릴 테지'라는 생각이 들자 나는 배시시 웃으며 어머님께 초정에 목욕하러 가시자고 말씀드렸다.

어쩌면 나는 어머님을 모시고 사는 게 아니라 어머님이 우리를 데리고 사는지도 모르겠다. 이다음엔 그렇게 유난하시던 모습도 그리울 때가 있을 테지.

날 길러 시집보낸 친정엄마보다 미운 정 고운 정 담뿍 들어 더 오래도록 같이 살 어른인 것을….

메주를 쑤며

우리 집에도 부지런한 성숙이네 콩을 시작으로 창고에 그들먹하게 콩가마가 쌓여간다. 이맘때면 곳간에 쌀이 쌓이듯 마음이 부자가 된다. 농부는 콩 타작을 마지막으로 동면을 맞는데 비해 내가 하는 일은 그 콩으로 두루뭉술한 메주를 떡 주무르듯 하면서 시작하는 일이니 이제부터 바쁘게 생겼다. 식구들 먹을 양만큼 서너 말하는 것도 어려운 판에 백여 가마 메주를 쑤려면 실은 더럭 겁부터 날 때도 있다.

기계가 있는 것도 아니고 일일이 손으로 하는 일이라 저녁이면 팔 다리가 아파 아예 초정약수에 가서 몸을 지지며 한 달을 지내곤 한다.

내가 처음 전통식품을 한다고 했을 때 친구들이 믿어지지 않았다고 했다. 늘 어머님이 담가주신 것만 먹었고 메주 쑤기가 얼마나 힘든지 그땐 몰랐으니까 선뜻 그 일을 한다고 나선 것이다.

무식하면 용감하다고 했던가. 아무튼 뜨거운 열정 앞에 안 될 일은 없는 듯했다. 마당에 무쇠솥을 서너 개 걸어놓고 장작을 때며 메주를 쑤었는데 연기 때문에 날마다 눈물범벅이었다. 장작불을 지피려면 수없이 불을 꺼뜨리거나 불 조정을 못해 콩을 태우기 일쑤라 밤낮 아궁이 앞을 지키기도 했다.

하룻밤 잘 불린 콩을 일어 솥에 안치고 한나절이 되도록 콩을 삶아내면 마당 가득 구수한 냄새가 진동한다. 이젠 일에도 이력이 붙어 마당에 퍼지는 냄새로 콩이 어느 정도 익었는가를 가늠할 줄도 알게 되었다.

한국 음식은 거의 모두 간장·된장·고추장 등 장류로 간을 맞추고 맛을 내므로, 장의 맛은 곧 음식의 맛을 좌우하는 기본 요인이 된다. 한국에서 언제부터 된장을 먹었는지는 기록이 없어 확실한 것을 알 수 없지만, 중국의 『위지(魏志)』 「동이전(東夷傳)」에 '고구려에서 장양(藏釀)을 잘한다'는 기록이 있는 것으로 보아, 삼국시대 이전부터 이미 된장·간장이 한데 섞인 걸쭉한 것을 담가 먹다가 삼국시대에 와서 간장·된장을 분리하는 기술이 발달되었던 것으로 알고 있다.

한국 식생활에서 장류가 얼마나 중요한 식품이었는가를 장제품조의 첫머리를 보면 알 수 있다. '장은 모든 음식 맛의 으뜸

이다. 집안의 장맛이 좋지 아니 하면 좋은 채소와 고기가 있어도 좋은 음식으로 할 수 없다.'

오늘도 나는 메주를 쑤며 세상에서 제일 행복한 된장아줌마가 되기 위해 종종걸음으로 하루를 시작한다.

5.

산촌일기

신혼일기

가을일을 마무리 하신 후 산촌댁의 시어머님께서 오셨다.

우사 옆에 딸린 조그만 밭에 마늘씨를 심으신단다.

전날에 미리 고랑을 만들어 놓으신 후라 그냥 씨만 넣으면 되신단다.

그녀가 따뜻한 차를 가지고 밭으로 가니 시어머님은 쉬운 일을 어렵게 하시고 계셨다. 그냥 꽃씨 뿌리듯 씨앗을 뿌리고 덮으면 될 것을 마늘쪽 하나하나 흙에다 심고 계셨다. 이상했다.

그리고 긴 겨울이 지나 목메게 그리던 봄이 되었다.

외딴 목장에서 유배살이 하듯 겨울을 지낸 산촌댁은 그 봄이 그렇게 반가울 수가 없었다. 물론 순해진 햇살에 파릇파릇 마늘 싹이 예쁘게 봄을 수놓고 있음이었다.

산촌댁의 시어머님은 가끔 목장에 오셔서 살림을 돌아보시고는 '실한 마늘 싹은 파 대신 먹어도 된다' 하셨다.

그런데 어느 날 산촌댁의 시어머님 큰소리로 말씀하셨다.

누가 마늘 싹을 싹도 없이 베어 갔다는 거였다.

반찬 해먹으랄 때는 언제고.

신혼일기 · 1

결혼하여 새댁이 된 나는 밥할 때가 되면 공연히 숙제 안한 아이처럼 안절부절못하였다. 결혼하기 전 분명히 요리를 잘 못 한다고 말했지만 요리를 못하는 것뿐 아니라 아주 해보지도 못한 풋내기인 것까진 남편이 몰랐나 보다.

그런 것은 걱정 말라고 했고 자기가 음식을 잘 하니까 많이 도와줄 거라고 자신 있게 말한 때문에, 아니 이미 콩깍지가 씌운 사이에 요리 정도는 결혼조건에 아무런 문제가 아니므로 우린 중대한 것을 소홀히 한 채 결혼을 강행했다.

결혼하면 저절로 다 잘하게 되는 줄 알고 있을 만큼 철부지였으니 매일 국적도 없는 요리를 먹어주느라 시동생이나 남편이 곤혹스런 것은 말할 것도 없었다.

시댁에라도 가면 으레 설거지를 도맡아 하며 간신히 명분을 세우곤 했는데, 그도 그럴 것이 한 가지 알고 있는 상식이라곤 콩나물 국 끓일 때 뚜껑 열면 비린내 난다는 것 밖에 모르고 결혼을 했으니 얼마나 당찬 결정이었으랴.

친정엄마는 무슨 요리든 척척 잘하시는 젊은 맏며느리였다. 그래서 내가 부엌에 가서 무엇을 도울 양이면 겨우 마늘이나 파 다듬기였지 아예 당신이 하시는 것이 편하다 싶어 나한테는 집안 청소나 시키곤 하셨다. 내 또래의 친구들이 초등학교 몇 학년 때 밥을 한다고 했을 때 난 도무지 믿어지지 않을 만큼 부엌일에 젬병이었다.

어느 날부터인가 식탁에서 매일 새신랑의 잔소리가 시작되더니 급기야 요리를 못하는 여자는 머리도 안 좋을 거라며 은근히 구박으로 바뀌어 갔다. 음식은 못해도 좋다고 꼬드겨 결혼하잘 때는 언제고 날마다 반찬 타박하는 신랑의 말이 서러워 눈물을 글썽이며 밥을 먹을 때도 많았다.

그즈음 철부지 외동딸을 시집보내 놓고 잠 못 이루는 날이 많았는지 친정엄마가 오신다는 연락이 왔다. 얼마나 반가운지, 얼른 소고기를 사다가 정성을 다해 미리 양념을 해놓고 엄마를 기다렸다. 처음으로 딸네 집에 온 친정엄마는 이것저것 살림살이를 점검하시더니 생각보다 잘하고 있는지 맘에 드신 표정이었다. 마지막으로 부엌을 돌아보시다 미리 양념한 소고기를 보더니 "돼지고기를 다 재워놨네." 하시는 게 아닌가. "소고기인데."라는 내 말에 다짜고짜 양념을 물로 씻어내며 내 머리를 쥐어박았다.

"어이구 내가 이럴 줄 알았어. 세상에 뭘 좀 배우고 시집가면 누가 붙잡나."

"……."

"소고기에 고추장 넣고 빨갛게 양념한 거 첨 보겠네."

신혼일기 · 2

시집와 처음으로 맞은 구정명절에 산촌댁은 많은 일을 경험하게 되었다.

큰동서와 시어머님이 하시는 일들을 따라 하며 설거지로 얼버무렸지만, 그때 비로소 큰며느리 아닌 것을 가슴을 쓸어내리며 감사했다. 감히 혼자서는 엄두도 못 낼 일들이 너무 많음을 알아버렸다.

정월 보름도 지나고 산촌댁의 시어머님 메주를 댓 덩이 가져오셨다. 날을 받아 장을 담가줄 테니 메주를 잘 닦아 말리고 한 덩이는 잘게 부셔 놓으라 했다.

쿰쿰하기도 하고 구수하기도 한 메주를 씻어 놓고 시어머님 말씀처럼 한 덩이를 골라 쪼개보았다.

세상에!

어쩌면 속까지 다 썩은 메주를 주시다니!

시커멓게 썩은 부분을 골라 떼어내어 보니 하나도 쓸 것이 없었다.

설마 다른 것도 썩었을까 하여 벌어진 틈새로 들여다보니 역시 마찬가지였다.

좋은 메주를 주시지 하필이면 다 썩은 것을….

산촌댁 미련도 없이 거름 밭에 버리고 말았다.

신혼일기 · 3

가을이 깊어지는 11월에 산촌댁은 결혼을 했다.

결혼이 무슨 어린애 소꿉장난쯤으로 알고 있는 그쯤 새신랑의 생일이 다가왔다.

그는 신랑을 감동시킬 이벤트를 계획하고 있었다. 케이크를 사는 것보다는 그이가 좋아한다는 약식을 하자고.

물론 한 번도 해 본 적이 없는 떡을 하기 위해 시장엘 갔다.

찹쌀 두 되와 밤, 대추, 의외로 약식을 하는 것이 간단했다.

연탄에 찜솥을 올려놓고 재료를 다 섞어서 뚜껑을 덮었다.

생일상을 받고 아침에 놀랄 신랑의 표정을 그려보며 혼자 흐뭇해하면서 말이다.

그러나 이게 무슨 일인지 찜솥의 물이 다 졸아 다시 물을 넣기를 서너 번 해도 떡이 되지 않았다. 요상한 일이었다.

산촌댁이 사는 고운다리 외진 골짜기에는 전화도 이웃도 없었다.

연탄아궁이 앞에서 밤을 지새운 산촌댁은 하릴없이 미역국만 상에 올릴 수밖에.

나중에야 비법 하나를 전수 받을 수 있었다. 찹쌀은 꼭 물에 불려서 떡을 해야 한다는 사실을….

신혼일기 · 4

목장에 봄이 찾아왔다.

유난히 눈이 많았던 지난겨울엔 영영 봄이 올 것 같지 않더니 산골이라 봄이 젤 먼저 온 것 같았다. 먼발치 태술이네 담배 하우스에 사람들이 보이고 거름을 실어내는 경운기가 목장 앞을 연신 지나간다.

지루한 겨울을 보내며 얼마나 기다려온 봄인지. 노루꼬리만큼씩 길어지는 저녁 햇살이 그렇게 반가웠다.

목장 뒤쪽으로 아랫마을 창승이 총각네 밭인데 거기에 마늘을 심었다며 어느 날 마늘 덮은 짚을 불태우고 있었다. 난 속으로 마늘 싹이 불에 탈까 걱정이 되는데 아마도 그렇게 해야 마늘이 잘 크는 모양이었다.

산더미 같던 엔스레지 토굴이 점점 비어 가면서 시큼 비릿한 옥수수대궁 냄새가 봄바람에 실려왔다. 염분이 조금 가미된 엔스레지는 겨울철 젖소에게 충분한 영양을 공급하는 조사료다. 건초는 적게 말려두더라도 더운 여름날 몇날 며칠이고 실한 옥수수대궁을 기계로 썰어 땅속에 저장하는 겨울 식량이다.

겨울에 태어난 송아지들의 엉덩이에 살이 제법 오르고 이젠 울타리를 제 맘대로 뛰어넘어 천방지축으로 노니는 놈들이 말썽이었다. 어쩌다 울타리를 탈출한 송아지들은 창승이 총각네 마늘밭을 전용 운동장으로 만들었다. 파릇파릇 올라오는 마늘대궁을 사정없이 짓밟은 다음에야 겨우 우사로 몰아들이니 여간 고역이 아니었다.

그렇게 봄이 무르익어 가는 날, 난 봄을 맞은 기분으로 샛노란 솜털 병아리를 30마리나 사고 말았다. 송아지 울음소리, 병아리 삐약이며 노니는 소리, 마당의 사료 먹으러 오는 산까치까지 자연과의 동거가 시작된 것이다. 풀죽어 지내던 겨울에 비하면 얼마나 산골 사는 풍경이 행복하던지 그렇게 서서히 목장 댁이 되어가고 있었다.

그런데 이상했다. 어느 날 보니 창승이 총각네 마늘 싹이 노랗게 말라 죽어가고 있었다. 봄 내내 우리 송아지들이 짓밟아서 그런가 하고 속으로 얼마나 미안하던지. 천여 평이 됨직한 마늘밭이 몽땅 병에 걸린 거였다. 남의 일 같지 않아 남편에게 걱정스럽게 말했다. "자기야 옆집 마늘이 다 병들었어. 손해 많이 볼 것 같아." 하자 "며칠 있으면 캘 텐데 무슨 병에 걸려?" 하는 게 아닌가. 마늘을 캔다고? 가을에 캐는 게 아니고?

난 그때까지 모든 것은 다 가을에 수확하는 걸로 알고 있을 만큼 젬병이었던 거였다. 세상에 유월에 마늘 캐는 거야? 고구마처럼 가을에 캐는 게 아니고?

까뮈의 「이방인」이란 제목이 자꾸만 떠오르는 봄날이었다.

신혼일기 · 5

눈이 내릴 거라는 일기예보는 들었다. 그러나 아침 창밖에 풍경은 온 세상을 마술처럼 만들고도 하염없이 눈송이를 흩날리고 있어 반가움과 놀라움을 동시에 느끼게 하고 있었다. 삽시간에 절해 고도가 되어버린 외딴 목장은 그야말로 적막하기 이를 데 없고 난 다시 고요 속에 혼자가 되어버린 것이다.

처음엔 이런 고요가 얼마나 행복한지 방 안 가득 책들을 펼쳐놓아도 되고 소설 속으로 빠져 늦은 점심을 물 말아먹어도 맛있었다. 그런 날들이 하루 이틀 계속되더니 어느 사이에 무기력증에 빠져드는 것 같았다. 라디오 없으면 종일 사람말소리도 들을 수 없는 외진 골짜기에 유배라도 된 듯한 외로움이 진하게 묻어오기 시작했다. 뜬금없이 친구들 생각에 목이 메고 점점 말수가 적어졌다.

운동장 한쪽을 막아 놓은 송아지 우리에서 점심때 우유를 먹이는 일이 그중 행복한 시간이었다 할까.

사슴처럼 예쁜 눈을 한 얼룩송아지는 정말 내가 제 어미인 줄 알고 있을 만큼 내 모든 행동에 반응을 나타냈다. 자는 것처럼 가만히 앉아 있다가도 내 발자국 소리만 나면 벌떡 일어나 나를 쫓아다닌다. 젖소는 수컷을 낳으면 일주일에서 열흘 정도 내에 육성우 하는 목장으로 팔려나간다. 갓 낳은 송아지를 어미 소가 하듯 마른 수건으로 닦아서 따뜻한 곳에 놓고는 초유를 짜서 우유병에 담아 먹인다. 꼭 엄마가 아기에게 하듯 .

목부 할아버지는 언제나 나를 애기라고 불렀다. 젖짜기를 끝내고 가게 방에서 소주를 드신 날은 주머니에 과자나 사탕을 넣고 오셔서 내 방에 슬그머니 주고 가셨다. 나도 그분을 시아버님 같은 느낌으로 대했지만 어른이시라 많이 어려워했다.

친정에서도 애기처럼 살았는데 시집을 왔다고 달라질 것은 없었다. 도무지 왜 결혼을 한 건지 모를 만큼 지금 내가 이곳에 있다는 게 믿어지지 않는 날이 많았다. 꿈에선 늘 할머니가 날 깨우고 난 어스름한 새벽 전철을 타고 학교에 가야 하는 것처럼 강박감에 시달렸다.

내가 선택하고 많은 반대와 우여곡절 속에 결혼을 했지만 무엇을 위해서 부모님 가슴을 아프게 하면서까지 결혼을 한 건지 점점 미궁 속을 헤매는 기분이었다. 불같은 사랑이었을까?

운명이었을까? 아마도 곁에 친구들이라도 있었다면 많은 위안이 되었을 텐데, 뚝 떨어져 아는 이 한 사람 없는 곳에 와서 낯가림이었을까? 그 무렵 난 혼자서 많이 앓았다는 표현이 맞을지 모르겠다. 3년이 지나도록 계절의 변화와 날씨에 따라 창가에 서는 날이 많았으니까.

이제 와 생각해보면 마음의 준비도 안 된 갑작스런 결혼이 혼란을 일으켰던 것 같다.

지금 내가 그때의 22살 나이라면 과연 결혼할 수 있는 용기가 있을까 반문이 든다.

무식하면 용감하다는 말이 맞다.

친구들이랑 공부도 더 하고, 하고픈 것들도 다 해보고, 그리고 배우자를 선택해도 늦지 않았을 텐데 무엇이 그리도 바빴는지 지금 생각해도 이해되지 않는다. 그러나 난 믿는다.

내 선택이 그땐 불확실했더라도 이렇게 알콩달콩 살아온 것처럼 앞으로 남은 생도 그럴 수 있다는 것을….

산촌일기 · 1

- 장 담그기 -

부드러운 깃털처럼 따스한 눈발. 그것은 겨울의 마지막 잔치인 듯, 때늦은 함박눈 속에서도 아스라이 피어나는 봄을 본다.

텃밭 과원에 살구나무와 앵두나무, 배나무의 겨울 빈가지가 휘청하도록 쌓인 눈은 그대로 탐스런 하얀 눈꽃이 되었다. 그러나 무엇보다도 눈 내린 풍경에 푹 빠져들게 하는 데는 우리집 장독대만한 것도 없으리라.

도열중인 병사들처럼 나란히 늘어선 백여 개의 장독 위에 새하얀 눈은 고즈넉한 산촌의 아침과 함께 한 폭의 수채화로 피어난다. 정월 대보름을 넘기고 아직도 산자락에 잔설이 분분해도 24절기 중 입춘이 되면 우리 집 넓은 마당은 잔칫날처럼 동네 사람들이 북적댄다. 장 담그기 행사의 시작이다. 그 첫날은 독을 닦고 소독하는 날인데 우리는 그날을 남편이 불퍼머 하는 날이라고 우스갯말을 한다.

커다란 독에 매달려 볏짚을 태우다가 엉겁결에 앞머리를 태운 그 모습이 어찌나 재미있는지 보기만 해도 우스워서 붙인 별명이다. 항아리마다 매캐한 연기를 피워 묵은 냄새가 없도록 볏짚 태우기를 하는 것도 온종일 걸린다. 그런 후에 산더미처럼 꺼내온 메주를 씻어 담고 알맞은 소금물에 고추 서너 개, 대추 한 움큼, 빨갛게 달군 숯을 넣는다. 남편은 참숯을 쓰기 위해 지난겨울 뒷산에서 참나무를 베어다 몇 날씩 숯가마에서 구웠다.

사실 나는 장 담그기는 엄두도 내지 못해서 결혼해서 얼마 동안도 시어머님이 담가주셨지만 이제는 그 솜씨를 전수받아 혼자서도 할 수 있게 되었다. 장을 담근다는 것이 어디 쉬운 일이랴. 가을에 거둔 콩을 가마솥에 장작불로 푹 삶아서 메주를 쑤어 온 겨우내 만들어지는 것이기 때문이다. 현대인의 바쁜 생활과 여건이 전통적으로 담아오던 장문화까지 변화시킨 것은 어쩌면 당연한 것인지도 모른다.

오랜 시간 숙성의 과정을 거치는 동안 햇빛과 바람을 쐬어야 하고 관리를 소홀히 하면 한 해의 장맛을 다 버리게 되는데 그 일을 즐겨할 사람이 얼마나 될까. 지인들이 놀러오면 서툰 솜씨로 만든 우리 집 된장찌개 맛을 못 잊는다는 것이다. 특별한 솜씨도 아니건만 정말 맛이 있다면 아마도 우리 집의 자연적 조건 때문일 거라고 생각했다.

숲으로 우거진 뒷산과 늘 콸콸 솟아나는 맑은 지하수, 사계절의 햇살이 가득 고여 흐르는 듯 머무는 마당이 있기에 그 맛을 내는 것이 틀림없다. 또한 이른 봄 노란 산동백 향기를 시작으로 조팝나무 꽃이며 뻐꾸기 소리, 샛노란 송홧가루까지 항아리 가득 스며 장맛에 어울린 것은 아닐는지….

산자락에 산다고 내 스스로를 산촌댁이라 자칭했는데 장 맛있다는 소리에 신바람이 나서 나는 그때부터 콩값 내고 장 담아 가라고 농담처럼 말하곤 했다. 말이 씨가 된 것이다. 이제는 아예 장담는 일이 본업이 되었으니 말이다.

장 담기를 끝내고 늦은 점심은 온통 푸성귀로 가득한 밥상에 된장찌개뿐인데도 꿀맛 같다고들 한다. 북적대던 사람들이 돌아가고 이제부터는 나 혼자서 그 많은 독들을 다독인다.

키 작은 항아리도 몇 개 섞여 분위기에 썩 잘 어울리지만 대부분의 독들은 섬지기가 넘는다. 백여 개가 넘는 독들을 가만히 들여다보고 있노라면 그저 볼품없이 투박하고 닮은꼴 하나도 없는 것이 신기하기도 하다. 이것들은 각기 다른 고장에서 3, 4대식 대물림하면서 고유의 장맛을 익혀내던 것들로 보물처럼 소중한 독들이다.

장을 담그는 것은 내게 있어 소박한 일상이기도 하지만 이것은 면면이 이어오고 또 이어주어야만 할 사명감이지 않을까. 독안의 장들이 숙성되는 과정을 보며 투박한 옹기 속의 장맛 같은 사람이 되어야겠다는 간절한 마음을 갖게 된다.

시간이 오래 지날수록 함께 있고 싶은 그런 사람 말이다.

머지않아 소리 없이 봄이 찾아 들면 살구꽃, 배꽃이 한창 피어 앞뜰에 어우러지고 햇살 가득 앉은 독에서는 산촌댁 솜씨의 장들이 수런수런 맛나게 익어갈 것이다.

산촌일기 · 2

나는 요즘 아침마다 토종닭 두 마리가 낳는 신선한 계란으로 프라이를 해서 상에 놓곤 한다.

달랑 둘이서 먹는 아침상엔 햇살이 퍼지기 전 일을 하다가 9시가 훨씬 넘은 시간에 매운 고추 한 개 숭숭 썰어 넣은 된장찌개와 김치 그리고 계란 프라이 하나씩이면 성찬이 부럽지 않다.

새벽부터 학교 갈 아이들 챙기는 일도 없고, 그저 배고프면 한줌 쌀로 밥을 지어 먹으니 실상 먹을거리에 드는 생활비는 없는 것 같다. 그러니 점심 생각은 더더욱 없고 저녁쯤 혼자 남은 날이면 토마토 한 개 뚝 따서 먹거나 매실 한 잔과 삶은 감자 한 개면 하루의 끼니가 해결되는 것이다.

생각해 보면 부실한 찬 때문에 영양실조에 걸릴 듯도 한데 이렇게 튼튼한 걸보면 지렁이 먹고 제 맘대로 뛰어다니며 낳는 유정란 덕분에 건강을 유지하는 것 같다.

달궈진 작은 팬에 기름을 살짝 두르고 노릇하게 익은 계란 프라이는 내가 즐겨하는 요리(?)이며 맛있게 먹는 찬이다. 우리 아이들 어렸을 적에도 만만한 게 계란찜이나 프라이였다. 젖을 떼고 나면 이유식으로 계란과 멸치 각종 야채를 잘게 썰어 참기름에 볶다가 죽을 끓여 주는 게 내가 해준 유일한 이유식이었다.

그래도 잔병치레 없이 잘 커준 아이들 보면 미안함과 대견함이 늘 함께했는데 계란 프라이할 때면 큰녀석이 했던 말이 떠올라 피식 웃음이 난다.

한나절 신나게 놀다가 땀범벅이 되어 들어온 아이들을 목욕시키고 간식으로 늘 계란 프라이를 해서 요구르트와 주었다. 내 딴엔 먹기 좋게 하느라고 다 익은 계란을 주걱으로 뚝뚝 잘라서 주었는데 그날은 뭘 하다가 그냥 자르지 않은 계란을 접시에 담아 주었더니 호기심 많던 큰녀석이 이렇게 말했다.

"야~ 우리 엄마 계란 프라이가 동그랗다. 참 예쁘다 그치?"

한 살 아래인 동생에게 예쁜 계란 프라이를 말해주는데 어찌나 귀엽던지, 그 후로 난 한 번도 계란 프라이를 자르지 않고 동그랗게 부친다. 아주 예술적으로….

산촌일기 · 3

- 겨울 풍경 -

12월로 접어들면서 눈 내리는 풍경을 기대하는 사람들이 많았다.

첫눈 오는 날 만나자는 약속은 사람 맘을 설레게 하기에 충분한데 지난밤에 내린 첫눈은 정말 온 세상을 동화처럼 만들어 놓았다.

앞산과 들판이 모두 눈 속에 묻혀 설원이 됐고, 우리 집 장독대도 눈 내린 풍경화에 한몫을 하고 있었다. 내가 화가가 아닌 것이 못내 섭섭할 정도로 아름다운 정경은 산골에 사는 이에게 덤으로 준 신의 은총이리라.

참으로 오랫동안 마당가를 서성이다 들어오니 텔레비전 뉴스에서는 눈 때문에 마비된 도시의 도로를 비추고 있었다. 옷깃을 한껏 여민 채 종종걸음으로 지나는 사람들의 표정이 하나같이 굳어있다.

어떤 사람들은 말한다. 우리 문화에서 아랫목과 화로가 사라졌기 때문에 개인주의가 팽배한 거라고. 화롯가에 모이지 않아도 아무 때나 주고받을 수 있는 휴대폰이 있어서 사람들은 외로운 거라고. 역설적인 것 같지만 그 말도 일리가 있다.

아침 설거지를 끝내고 커피 대신 솔잎차를 끓였다. 실내에 솔향기가 그윽하고 창으로 바라보이는 눈 내린 풍경이 더없이 정겹다.

올봄 백마산에 가서 뽑아온 솔잎을 가지고 솔 술과 솔잎차를 항아리에 담았었다. 산골 우리 집에 손님이 오시면 솔잎 띄워 차를 내기도 하고, 새참 무렵에 오시는 이에겐 삶은 고구마와 땅속에 묻어둔 잘 익은 동치미를 내기도 하여 촌스런 상차림을 하는데 오히려 다들 좋아한다.

사람이 살아가는데 근심 걱정 없을 수는 없지만 그렇다고 맘에 여유마저 없다면 얼마나 녹록치 않은 시간을 붙들고 살까.

나도 이제 눈 때문에 꼼짝없이 사나흘 출입이 어렵게 됐다. 이런 날 좋아하는 이의 시집 한 권 읽어보며 겨울나기에 나이테를 보태고 있다.

설야

김광균

어느 먼 곳의 그리운 소식이기에
이 한밤 소리 없이 흩날리느뇨

처마 끝에 호롱불 여의어 가며
서글픈 옛 자췬 양
흰 눈이 내려
하이얀 입김 절로 가슴이 메어
마음 허공에 등불을 켜고
내 홀로 밤길에 뜰에 내리면

머언 곳에 여인의 옷 벗는 소리
희미한 눈발
이는 어는 잃어진 조각이기에
싸늘한 추회(追懷)이리 가쁘게 설레이느뇨

한줄기 빛도 향기도 없이
호올로 찬란한 의상을 하고
흰 눈은 내려 내려서 쌓여
내 슬픔 그 위에 고이 서린다.

산촌일기 · 4

명절로 북적이던 마을의 고샅이 다시 일상으로 고요해졌다.

농로까지 가득 채워졌던 귀성차량들이 밀물처럼 떠나갔고, 마을 입구에 '고향에 오신 것을 환영한다'는 현수막만 무심히 바람에 펄럭인다.

시름에 겨운 농부들의 살림살이나 각박한 도시에서의 생활이 다 녹록치 않음을 알지만 울타리 호박넝쿨에서 애호박 한 덩이를 따주어도 어머니의 손길을 느낄 수 있으니 고향은 그래서 애잔한 것인가.

이제 나도 지난 밤 담가 놓았던 콩을 삶아 청국장을 띄워야 한다.

아침저녁으로 서늘한 이 가을 청국장만큼 맛난 음식이 또 있을까?

기름진 명절 음식 끝에 먹는 맛이라 그런지 개운하고 좋다. 내 식성은 좀 촌스런 구석이 있는지 양식을 먹어도 된장찌개 생각을 떠올려서 친구들이 늘 '산촌댁'이라 놀림을 준다.

세상에는 자신이 하는 일에 만족하지 못해 늘 또 다른 것을 추구하는 사람이 있는데 나는 내가 좋아하는 재래식 장을 담그며 살고 있으니 감사한 일이다. 게다가 요즘 웰빙(참살이) 바람으로 전통음식이나 산골식 밥상에 관심을 가져주니 일하는 것이 마냥 즐겁다.

이번 추석에도 명절 선물로 된장을 준비했었다. 내가 정성을 다해 만든 장을 선물할 때 받는 이도 기뻐하지 않을까.

건강에 관심이 많은 요즘 콩으로 만든 음식이 인기가 있다. 콩의 주성분이 단백질이지만 탄수화물이나 지질 비타민 등이 풍부하게 들어 있어 완전식품에 가깝다. 콩을 청국장이나 된장으로 발효시켰을 경우 각종 효소가 풍부해지는데, 특히 콩에 없던 새로운 물질이 발효 과정에서 생겨난다.

유산균 1g속에 백만 개의 균이 있는 것과 비교한다면, 청국장 1g 속에는 10억 개의 바실러스균이 있다는 것만 보아도 청국장은 우수한 식품이다. 비싼 건강보조식품을 먹는 것보다 식사 때마다 된장을 먹는 것만으로도 수명을 연장시키고 건강을 지키는 가장 효과적인 방법이라니 놀라운 일이다.

마당에 콩 삶는 냄새 구수하고 솥뚜껑 열면 뜨거운 김으로 한증막처럼 열기가 후끈하지만 일하는 것이 겁나지 않는다.

삶이란 그 무엇인가에, 그 누구엔가에 정성을 쏟는 일이라는데 내 삶이 누군가에게 힘이 된다고 생각하면 오히려 즐겁다.

고향도 지키고 조상들의 비법도 고수하고, 이렇게 신바람 나는 일들이 모두에게 있었으면 좋겠다는 생각으로 오늘도 나는 콩을 삶는다.

생일 · 1

날씨가 제법 쌀쌀하다

그 가운데 승희, 창희는 영어 공부가 한창인데, 내가 초등학교 6학년 때 ABC를 익힌 것에 비하면 요즘 아이들은 참 빠르다. 포장지의 영어 표시를 읽어보며 새로운 것을 알아가는 재미로 호기심에 가득 차 있다.

새해가 되니 곳곳에서 달력이 선물로 많이 들어왔다. 그중 맘에 드는 것을 골라 달력을 걸어주려는데 작은아이가 엄마 생일을 묻는다.

어제 제 생일날 막내삼촌은 책을 사주고 큰삼촌은 통닭을 사오고 아빠는 점심때 불러내 뷔페로 맛있는 것 먹었으니 식구들의 생일에 표시를 하려고 하는가 보다.

남편이 식구대로 생일을 가르쳐 주고 있기에 내가 넌지시 녀석에게 물어봤다.

너 엄마 생일에 무슨 선물 사주려고 생일을 물어보니? 그 농 섞인 물음에 녀석이 발음도 정확하게 브래지어를 사준다는 거였다.

난 그만 웃음을 참지 못하고 때그르르 구르니 내 웃음소리에 겸연쩍은지 엄마가 싫으면 다른 거 사준단다.

"싫은 게 아니라 아빠도 한 번 안 사준 브래지어를 초등학교 2학년인 아들이 사준다니까 놀라워서 그렇지."

그렇게 얼버무렸지만 도무지 작은녀석은 무슨 생각을 하기에 번번이 브래지어를 사준다는 건지 알 수가 없었다.

저녁을 먹고 텔레비전 앞에 누워 쉬려는데 둘째 녀석이 버릇처럼 내 앞에 와 눕더니 슬그머니 가슴으로 손을 집어넣는다.

녀석이 어렸을 때부터의 버릇을 아직도 버리지 못하고 있는 것이다.

"응~ 이제 알았다. 쭈쭈 보이니까 넌 꼭 엄마한테 브래지어를 사줘야 하는구나. 그리고 엄마가 친구들한테 자랑해야지 우리 아들이 브래지어 사줬다고 알았지?"

창피한 걸 아는지 모르는지 내 어깃장에도 아랑곳없으니 생일을 손꼽아 기다려볼 일이다.

생일 · 2

하루가 다르게 날씨가 포근하더니 비학골 진달래가 오늘은 그만 제멋에 겨워 배시시 웃고 있었다.

찔레순 돋는 소리나 발치에 애쑥 내미는 것까지 이 봄은 소리 없이 잔치를 준비하고 있었다.

오늘 아침엔 감자 넣은 미역국을 끓였다.

예전처럼 달력에 별표를 하는 것도 요즘 들어 시들해 버려 그냥 아침상에 미역국을 올린 것인데, 미역국을 보고 남편이 "당신 생일이 내일이지?" 한다.

내일쯤일 거라고 날짜를 계산한 남편의 마음을 알았으니 됐다. 오늘처럼 마음으로 서로를 이해하기까진 많은 시간이 필요했다. 남달리 정이 많아 모든 걸 표현하는 나와는 대조적으로 남편은 참 무덤덤한 스타일이다.

마음은 따뜻한데 좀처럼 아기자기한 말을 할 줄 모른다. 그 흔한 사랑한다는 말을 한 번도 들어본 기억이 없는 걸 보면 전형적인 유교식 가풍이다.

오늘이라고 싱겁게 말하니까 미안했던지 저녁을 사준단다.

산골에 사는 우리에게 꿈에 떡본 듯이 하는 외식이 오늘이라니 일찌감치 아이들 앞세워 약속 장소로 나갔다. 어머님은 매식을 절대 못하시는 분이라 집에 계시고 우리만 나가는 게 죄송했는데 얼마를 기다려도 남편이 오질 않았다. 좀처럼 약속을 어기는 사람이 아니라서 걱정을 하며 기다리는데 30여 분이나 늦은 시간에 남편이 왔다.

"늦었지"라며 들어서는 남편이 예쁘게 포장된 장미꽃을 내밀며 생일 축하한단다.

생전처음 받아보는 남편의 꽃 선물에 그만 넋이 나간 나는 팔짝뛰어 남편 품에 안겼는데 하필이면 우리 방에 다른 팀이 미리 식사를 하는 중이어서 얼마나 거북하던지 우리만 있다면 볼에다 몇 번의 입맞춤을 할 태세였다.

어쩐 일일까? 이렇게 감동적인 꽃다발을 받으리라고는 꿈에도 생각 못했는데.

그날 나는 밥을 먹었는지 말았는지 안중에도 없고 오직 처음 받은 꽃다발에 취해 호들갑만 떨다온 것 같다.

가끔씩 내가 꽃을 선물 받으면 소원이 없겠다고 투덜대면 멋없는 남편이 "뒷동산의 꽃 다 당신 가져"라고 말했는데 아마도 내 투정이 약효를 발효한 것 같아 집에 와서도 한동안 꽃다발을 가슴에 안고 있었다.

"다음 생일에도 이렇게 예쁜 장미를 사주면 얼마나 행복할까."

내 말이 끝나기도 전에 남편이 말했다.

"뒷동산에 핀 꽃 다 당신 가지라니까."

생일 · 3

친정엄마가 오신다는 전화를 하셨다. 친정 부모님은 생일이나 일을 핑계로 딸네 집에 한 번씩 오시지, 별 일 없으면 통 오시지 않는 분이다. 그것도 아침에 오셨다가 저녁이면 이내 집이 못 미더워 주무시지도 않고 가신다.

친정 친척분 중 밤나무골 아주머님이 계시는데 그분은 딸을 여섯이나 낳고 끝으로 아들을 낳았다. 우리 엄마랑 같은 해에 시집을 와서 아주머니가 딸 여섯을 낳는 동안 우리 엄마는 맏이로 나를 낳고 아들을 연년생으로 낳으셨으니 울 엄마를 많이 부러워 하셨단다. 남들은 순풍순풍 아들도 잘 낳는데, 건넛말 할머님의 추상같은 시집살이 속에서 줄줄이 딸을 낳았으니 속이 말이 아닌 것은 당연하다. 건넛말 할머니는 또 딸을 낳으면 다른 여자를 보아서라도 손자를 얻을 것이라 벼르고 계셨다.

막내 진규를 낳은 날 셋째 딸 진경이가 숨을 할딱이며 우리 집에 뛰어와서는 아들 낳았다고 소식을 전해주었던 기억이 난다. 어린 맘에도 아들 낳았다는 소식은 가문에 경사였다. 그 건넛말 아주머니는 지금 신수 훤하게도 이 딸 저 딸이 해다 주는 보약에다 주말이면 북적이는 사위와 외손들의 재롱으로 호강에 겨우시니 사람일이란 알 수가 없잖은가.

그 아주머니의 이야기인즉 우리 엄마만 보면 "형님은 겨우 딸 하나인데 어째 딸네 집에 간다는 소리를 들어본 적이 없네. 모르는 이가 보면 의붓딸이라 그럴 걸." "암만해도 이해가 안 되네. 겨우 한두 시간 거리에 사는 딸네 반찬도 해주고 별거 다 해줄 것 같은데 좌우시간 요상해." 이러신단다. 하긴 내가 어렸을 때 우리 부모님은 나를 공주처럼 길렀다. 그렇게 애지중지 했으니 시집보내면 날마다 딸네집 간다고 나설 줄 알았는데 의외인 것이다. 그건 적극적이고 별스런 울 엄마를 잘 몰라서 하신 말씀이다. 별 볼일 없는데 왜 딸네 집을 가냐고 손사래를 치시니 꼭 볼일이 있어야 오시는 분한테 내가 내 생일날 안 오시냐고 그렇게 어리광을 부리곤 했다. 그래서 엄가가 오셨는데 내가 좋아하는 잡채랑 손이 많이 가는 팥단지와 약식을 해오신 것이다.

"아니 무슨 어린애 생일도 아니고 팥단지를 하셨네." 하며 하나 먹어보니 아직 식지 않아 고소한 수수팥떡의 향기까지 느껴지는 것이었다. 나는 갑자기 목이 메었다. 떡을 하면서 엄마가 해주는 음식을 제일 좋아하던 막내아들 생각을 얼마나 했을까? 눈에 밟혀 좀처럼 엄마 가슴에서 떠나질 못하는 아들을 위해 버릇처럼 음식을 포장하다 말았을까? 오늘도 가슴 저린 엄마 맘이 그대로 느껴지는 것이었다. 엄마에게 내 생일 때문이 아니라 바람이라도 쐬러 오시라 뜻이었는데 더 알뜰히 사랑해 주기 위해 그렇게 손수 음식을 해오셨다.

꼭 무슨 일 핑계 삼지 말고 그냥 아무 때나 놀러 오시라 해도 이젠 사돈도 안 계신데 어느새 가방을 챙기셨다. 나는 엄마 오시면 같이 하고 싶은 일이 많았다. 아직도 젊고 고우신 엄마랑 정장을 하고 백화점에 쇼핑가기와 저녁에 영화 한 편 보고 그리고 찜질방에서 맘껏 쉬고 오는 것. 그러나 어느 것 한 가지도 못 해보고 이번에도 부모님은 서둘러 친정으로 가셨다.

언제쯤 내가 부모님과 한가한 데이트를 해볼까. 결혼해서 지금까지 늘 바쁜 일상인 딸. 친정에 가도 하룻밤 자고 나면 아침에 돌아오는 나. 이렇게 살다가 언제나 청춘인 줄 알았던 부모님이 안 계시면 어쩌나 하는 불안한 맘이 들기도 한다.

이젠 바쁜 일상에서 놓여 여유로운 시간을 갖고 싶다. 부모님과도 친구들과도 사람 사는 향기를 느끼고 싶다. 일은 끝도 없는 것인데, 욕심도 부질없는 것인데 혼잣말을 하다보니 쓸쓸한 저녁놀이 지고 있다.

수탉을 독수리라고?

오성근 (시인)

누구든 내게 물어주기를 바란다.

왜 사느냐 묻는 대신 왜 증평에 사느냐고.

왜 사느냐 물으면 입을 다물게 될 터이나 증평에 사는 이유를 물으면 말이 헤퍼질 만큼 사연이 많기 때문이다.

그 사연 중 하나가 이 수필집의 저자인 공병임이다. 등단 십년이 넘도록 작품집 없던, 수필 잘 쓰기로 소문난 공병임이 마침내 올해를 넘기기 전 우리들에게 옹기 속의 장맛 같은 진수성찬을 내놓을 모양이다. 그녀의 글은 이런 찬사에 부합할 만큼 맛깔나고 신선하며 그야말로 첫 임신부의 입덧 같다는 아련한 기억을 살려낼 만큼 감성적이다.

수필집 첫머리에 나오는 「폭풍 그 후」에 서두는 이렇게 시작된다.

"우리 집 마당은 지금 모내기를 하기 위해 써레질 한 논바닥 같다."

농촌에 산 경험이 없는 독자라도 눈으로 보듯 비주얼한 풍경을 보여주는 표현이 아닌가.

"볕 잘 드는 장독대를 서성이다 보니 옆집의 토종닭 한 무리가 우리 도라지밭에서 모이 줍기에 열중이다."

장독대, 토종닭, 도라지밭, 모이 줍기 등의 화면이 짧은 문장 속에 어쩌면 이토록 선명하게 떠오르는가.

일찍이 수필가로서의 공병임의 명성을 소개하면 다음과 같다.

30년도 더 전에 어느 날 아내가 외출에서 돌아와 놀랄 만한 뉴스를 전했다. 방금 택시를 타고 오는 중에 라디오 청취자의 수필낭독을 듣고 있는데 증평에 사는 새댁이라고 소개된 필자가 바로 내게 편지를 자주 보내는 동명의 제자 공 아무개로 밝혀졌다는 것이다.

얼마 전 증평으로 젖소 키우는 건실한 농촌청년에게 시집간 인천의 한 명문여고 출신인 이 공씨 후손을 그녀의 담임인 내가 얼마나 자랑해 왔는지 내 가족뿐 아니라 해마다 졸업해 나가는 제자들에게까지 소문이 난 터였다. 대학진학보다 농촌으로 출가한 이 용감무쌍한 졸업생과의 편지 왕래는 수년을 계속

된 탓에 나의 퇴직 후 귀촌을 결심했을 때도 아내와 내가 가장 먼저 떠올린 곳이 바로 옛 제자가 살고 있는 충청북도 한 시골 읍이었다.

그 몇 해 전 가족이 함께 증평으로 초행의 방문을 했을 때의 잊을 수 없던 기억 또한 다른 곳을 생각조차 할 수 없이 결정하게 된 이유의 하나가 되었고 그 이후 7년차가 되는 나의 증평살이에 대해 우리는 한 번도 후회한 적이 없다.

그동안 이런저런 이유로 친지들이 나를 찾아 이곳을 왔다가곤 하지만 그중에 옛 제자 몇몇은 나를 만나러온다기보다 저희 인생의 선배를 잊지 못해 매년 이곳을 방문한다. 생각만 했지 감히 실행 못하는 시골살이의 멋과 맛을 체험할 수 있을 뿐만 아니라 고단하고 신산한 농촌의 힘든 삶을 온몸으로 감당하며 살아가는 선배를 만나면 힘든 현실을 살아갈 용기를 얻을 수 있기 때문이리라.

공병임은 오래전 수필가로 등단했으나 그의 글을 자주 대할 수 있는 문우가 아니다. 한편으로는 이 수수한 시골 아낙을 처음 대하는 사람들은 그녀가 귀티 흐르는 여유있고 세련된 여류 수필가라는 선입관과 얼마나 먼 것인가를 알 수 있게 된다. 뚝배기보다 장맛이라던가.

그렇다. 그녀는 문필가이기에 앞서 수년 동안 젖소 키우는 목부의 아낙이었다가 읍내의 유일한 신발가게 주인이었다가 소

읍의 지방신문 칼럼니스트였다가 10년 넘게 지역에서 뿐만 아니라 전국에서 맛 좋기로 소문난 토종식품 생산업체를 대표하는 소기업인이다.

도시생활에 길든 나같이 무능하고 나약한 사람도 메주를 만들거나 사흘이 멀다고 청국장을 뜨는 바쁜 철에는 며칠씩 그녀의 집으로 출근하는 일이 있다. 수확이 끝나기를 기다려 콩을 사다 모으고 삶아서 메주 빚고 된장, 고추장으로 버무려 줄줄이 장독을 채운 후 다음해 봄, 여름까지 성숙하기를 기다리는 모든 과정이 오래 참음과 느림의 미덕을 필수로 하는 인생역정과 다름 아님을 배우고 있는 중이다.

"오랜 시간 숙성의 과정을 거치는 동안 햇빛과 바람을 쐬어야 하고 관리를 소홀히 하면 한 해의 장맛을 다 버리게 되는데 그 일을 즐겨할 사람이 얼마나 될까."라고 그녀는 쓰고 있다.

글도 그렇고 세상사 어느 것이나 다 그렇지 않은가. 증평에 사는 이유가 이것 하나만으로도 족하지 않으랴. 수탉보고 철없는 아이가 독수리다 소리쳤다더니 과연 수탉이 독수리만 못할 이유가 없다.